6S 精益管理实战

（精装版）

新益为◎著

人民邮电出版社

北京

图书在版编目（CIP）数据

6S 精益管理实战 / 新益为著. -- 北京 ：人民邮电
出版社，2024. -- ISBN 978-7-115-64868-6

Ⅰ. F407.406.2

中国国家版本馆 CIP 数据核字第 20246Z1P31 号

内 容 提 要

本书基于新益为公司在咨询与实践过程中总结的案例、方法、策略、方案等，以企业现场实战为导向，详细阐述了如何在企业中营造6S管理活动的环境，如何顺利推行6S管理活动，如何解决企业在6S管理活动推行过程中出现的各种各样的问题，以及如何形成制度化、规范化、常态化、习惯化的6S管理模式，从而为企业发展壮大奠定坚实的管理基础。

本书融入工作现场的大量真实案例，详细而生动地阐释了6S管理活动的实施方法、推行工具及原理，并配以丰富的图表工具。同时根据大量的企业推行参考事例，深入分析了当前我国6S管理的现状，并阐述了处理问题的方法与步骤。

本书的主要读者为企业管理者、生产一线人员、企业经营者及研究者。书中翔实的实践介绍便于读者进行学习、研究和应用，同时也在企业的管理与运营改善方面为各个行业的管理人员提供了一些参考和借鉴。

◆ 著　　　　　新益为

　　责任编辑　　李士振

　　责任印制　　周昇亮

◆ 人民邮电出版社出版发行　　北京市丰台区成寿寺路 11 号

　　邮编　100164　　电子邮件　315@ptpress.com.cn

　　网址　https://www.ptpress.com.cn

　　北京七彩京通数码快印有限公司印刷

◆ 开本：880×1230　1/32

　　印张：9　　　　　　　　2024 年 9 月第 1 版

　　字数：278 千字　　　　2025 年 7 月北京第 2 次印刷

定价：89.80 元

读者服务热线：**(010)81055296** 印装质量热线：**(010)81055316**

反盗版热线：**(010)81055315**

前言

当下，全球经济风云变幻，企业竞争愈加激烈。国内外企业的生产、管理活动愈发精益化。在智能化、精益化浪潮的推动下，我国企业进行精益化生产和管理的需求越来越迫切，再加上大数据、云计算、人工智能、物联网的发展与普及，企业必须实现转型升级、精益生产，融入人工智能，才能提高生产效益，赢得竞争优势。可以说，精益生产是时代赋予众多企业的紧迫使命。

这几年，我国的大中专院校也开始开设与精益管理相关的专业，政府机构也鼓励相关人员积极接受精益管理培训，社会上各种精益管理组织层出不穷，大家都在努力普及精益管理的理念与方法以提升效率。但精益管理并非简单地进行引进与吸收，我国企业的发展有自己的特色和需要面对的现状，并不能全盘接纳国外精益管理的理念与方法，而是要升级改造成适合本土企业发展需求、适合我国经济发展实情的落地方案。

为推动企业转型升级，使我国企业拥有本土化的精益生产方案与实践，使我国更多的企业获得专业化的精益生产方案指导，也使我国更多正在转型升级的中小企业找到增强市场竞争力的法宝，我们特策划并推出本书。

本书以六大板块为主线，全面呈现企业生产、管理、运营各环节及办公环境中的 6S 管理方法与策略。本书的内容尽可能贴近我国各类型企业的生产、管理现状及企业办公环境的现实状况。多个案例、表格、示意图使本书更加通俗易懂。本书提出的更适合我国企业进行 6S 管理的方案与方法，让企业在实践时能够轻松落地，快速见效，为我国企业参与国际竞争提供更强有力的支撑。

本书共分为 6 章，内容深入浅出，先通过重新认识 6S 精益管理来改变企业管理者及员工的固有观念，然后通过 6S 管理的推行步骤、要领及原则，6S 管理推行的技巧及激励原则，6S 活动的检查标准及要点范例，6S 管理的实施策略与方法，6S 改善提案活动的实施策略与方法等 5 个板块，详细地讲述各种场景下 6S 管理实施落地的方法与注意事项。

本书内容实用性强，对企业在智能时代的升级转型具有一定价值，适合各企业生产、管理岗位的从业人员及精益管理领域的学习者与研究者使用，同时也可以作为高校相关专业的教材使用。希望本书能为推动我国各类型企业提高生产效率、提升在国际市场的综合竞争力，以及实施强国战略增添一份力量。

在本书的编写过程中，参考了一些出版物中的数据、表格。由于资料过于分散，未能一一标明出处，特向这些资料的所有者表示感谢！请未能联系上的原资料所有者见书后与我们联系。

作者

目录

第一章　重新认识 6S 精益管理

1.1　6S 管理的起源与发展 ························· 2

    1.1.1　5S 管理的产生 ······················· 2

    1.1.2　6S 管理的发展历程 ··················· 3

1.2　6S 管理活动的要素与意义 ················· 6

    1.2.1　如何理解 6S 管理的六大要素 ········· 6

    1.2.2　6S 管理要素之间的关系 ·············· 9

    1.2.3　如何理解 6S 管理的要义 ············· 11

    1.2.4　企业推行 6S 管理的意义 ············· 12

1.3　现场管理中的 6S 管理 ···················· 15

    1.3.1　6S 管理是现场管理的基础 ··········· 15

    1.3.2　如何摆正推行 6S 管理的心态 ········· 17

    1.3.3　实施了 6S 管理后的现场是什么样的 ··· 18

第二章　6S 管理推行步骤、要领及原则

2.1　6S 管理推行的十大步骤 ··················· 22

    2.1.1　6S 自我评估和诊断标准 ·············· 22

    2.1.2　成立专门的推行组织 ················· 24

2.1.3　制定推行方针及目标 ················· 25

2.1.4　拟订推行计划及实施办法 ············· 28

2.1.5　培训教育 ···························· 32

2.1.6　宣传造势 ···························· 33

2.1.7　局部推行 6S ························· 34

2.1.8　6S 推广与持续推行 ·················· 35

2.1.9　检讨与修正 ·························· 36

2.1.10　将 6S 管理活动纳入企业的日常管理活动中 ··· 37

2.2　6S 管理推行的要领 ·························· 38

2.2.1　整理的推行要领 ······················ 38

2.2.2　整顿的推行要领 ······················ 39

2.2.3　清扫的推行要领 ······················ 44

2.2.4　清洁的推行要领 ······················ 47

2.2.5　素养的推行要领 ······················ 48

2.2.6　安全的推行要领 ······················ 50

2.2.7　将 6S 管理进行到底 ··················· 52

2.3　6S 管理推行的原则 ·························· 53

2.3.1　自我管理的原则 ······················ 53

2.3.2　勤俭节约的原则 ······················ 55

2.3.3　持之以恒的原则 ······················ 57

第三章　6S 管理推行的技巧及激励原则

3.1　主要场景下的现场 6S 管理口诀 ··········· 62

3.1.1　作业现场 ···························· 62

3.1.2　办公室 ······························ 65

3.1.3　电子档案 ···························· 68

3.2 6S 活动推行的技巧 ·· 69

    3.2.1 定点摄影 ··· 69

    3.2.2 红牌作战 ··· 73

    3.2.3 目视管理 ··· 78

    3.2.4 看板管理 ··· 86

    3.2.5 定置管理 ··· 93

3.3 6S 管理的激励原则 ·· 100

    3.3.1 6S 管理为什么需要激励 ························· 100

    3.3.2 6S 管理激励的"烫火炉"原则 ················· 103

    3.3.3 6S 管理激励的"授人以鱼"原则 ·············· 105

    3.3.4 6S 管理激励的"授人以渔"原则 ·············· 106

    3.3.5 6S 管理激励的"大智若愚"原则 ·············· 109

第四章　6S 活动检查标准及要点范例

4.1 如何制定 6S 活动标准 ····································· 112

    4.1.1 制定标准的原则 ······························· 112

    4.1.2 公司 6S 执行标准 ······························ 113

    4.1.3 生产区域 6S 活动标准 ························· 119

    4.1.4 办公区 6S 活动标准 ··························· 123

    4.1.5 仓库 6S 活动标准 ····························· 125

    4.1.6 生产现场定置标准 ····························· 127

    4.1.7 工具柜管理标准 ······························· 131

    4.1.8 班组工作角管理标准 ··························· 132

    4.1.9 外部门物品临时存放管理标准 ················· 133

4.2 6S 活动执行评判标准 ······································ 134

    4.2.1 6S 活动达标评鉴标准 ························· 134

    4.2.2 现场 6S 检查项目及标准 ······················ 144

    4.2.3   办公区 6S 检查项目及标准 ·············· 148

    4.2.4   6S 个人日常检查标准 ················ 150

    4.2.5   6S 之星评选标准 ·················· 153

4.3   **6S 精益化推行管理制度**·············· **154**

    4.3.1   6S 推行管理办法 ·················· 154

    4.3.2   现场班前班后 6S 活动规定 ········· 170

    4.3.3   6S 活动改善提案制度 ·············· 173

    4.3.4   6S 个人考核制度 ·················· 176

    4.3.5   6S 推动审核办法 ·················· 179

第五章   6S 管理的实施策略与方法

5.1   **整理的实施策略与方法** ·············· **184**

    5.1.1   整理的核心内容 ·················· 184

    5.1.2   整理的实施步骤 ·················· 185

    5.1.3   整理的实施标准 ·················· 187

    5.1.4   不要物的处理程序 ················ 188

5.2   **整顿的实施策略与方法** ·············· **189**

    5.2.1   整顿的核心内容 ·················· 189

    5.2.2   整顿的实施步骤 ·················· 191

    5.2.3   作业现场整顿的具体执行标准 ······· 194

5.3   **清扫的实施策略与方法** ·············· **196**

    5.3.1   清扫的核心内容 ·················· 196

    5.3.2   清扫的核心关键 ·················· 198

    5.3.3   清扫的实施步骤 ·················· 204

    5.3.4   清扫后的检查标准 ················ 205

5.4   **清洁的实施策略与方法** ·············· **207**

5.4.1　清洁的核心内容 ·············· 207

5.4.2　如何定期检查前 3S 的情况 ······ 210

5.4.3　如何进行目视管理 ············ 212

5.5　**素养的实施策略与方法** ·········· 215

5.5.1　素养活动的价值 ·············· 215

5.5.2　素养活动的推行步骤 ·········· 216

5.5.3　素养活动的范例 ·············· 218

5.6　**安全的实施策略与方法** ·········· 221

5.6.1　安全的价值 ·················· 221

5.6.2　如何做好安全监督 ············ 226

5.6.3　如何做好安全培训 ············ 228

5.6.4　如何做好安全识别 ············ 232

5.6.5　如何做好安全保护 ············ 234

5.6.6　安全检查的标准与步骤 ········ 235

第六章　6S 改善提案活动的实施策略与方法

6.1　**现场管理中的七大浪费** ·········· 240

6.1.1　过剩生产的浪费 ·············· 240

6.1.2　等待的浪费 ·················· 241

6.1.3　加工的浪费 ·················· 242

6.1.4　搬运的浪费 ·················· 243

6.1.5　库存的浪费 ·················· 244

6.1.6　动作的浪费 ·················· 245

6.1.7　不良品的浪费 ················ 250

6.2　**改善提案活动** ················ 252

6.2.1　什么是改善提案活动 ·········· 252

6.2.2 改善提案活动涉及内容 …………………… 254

6.2.3 改善活动的开展与总结 …………………… 260

6.3 改善提案活动的管理 ……………………………… 265

6.3.1 改善提案管理办法 ……………………… 265

6.3.2 改善提案表 ……………………………… 271

6.3.3 改善提案成果申报表 …………………… 272

6.3.4 精益改善效益换算标准 ………………… 274

第一章

重新认识 6S 精益管理

"安全始于整理整顿，终于整理整顿"。"整理"与"整顿"开启了精益管理的大门，而 5S 在进入我国后逐步演化发展，形成了 6S，并在全球范围内得到广泛认可。6S 管理之于企业管理的重要性不言而喻，但在实践过程中，太多人却走向误区与陷阱，将其看作"面子工程"，或希望一蹴而就，或仅仅关注现场……

1.1 6S 管理的起源与发展

1.1.1 5S 管理的产生

"安全始于整理整顿，终于整理整顿"这句宣传口号源自日本，最初只是为了确保作业空间和安全。但正是这句口号，开启了 5S 管理的发展之路。

20 世纪 50 年代，日本制造业最关注的就是品质管理——日本之所以能够奠定当代经济大国的地位，同样得益于此。

在各种关于品质管理的探索中，日本企业最先提出的只是简单的整理与整顿。此后，基于生产控制和品质控制的需要，日本企业又陆续提出了"清扫、清洁、素养"的现场管理理念。此时，5S 的概念逐渐形成，其应用空间及适用空间也进一步拓展。

直到 1986 年，日本关于 5S 的著作逐渐问世，这些著作对现场管理模式的发展造成了极大的冲击，在丰田等日本一流企业的倡导与推行下，5S 热潮从日本延伸至全球。

所谓"5S"，正是上述五大现场管理要素的简称，即整理（Seiri）、整顿（Seiton）、清扫（Seiso）、清洁（Seiketsu）和素养（Shitsuke），又被称为"五常法则"或"五常法"。图 1-1-1 所示为 5S 构成的详细内容。

简单来说，5S 管理的内涵可以概括为以下 5 点。

① 整理：将东西区分为"要"与"不要"两种；去除或处理不要的东西，保管需要的东西。

② 整顿：随时保持能够立刻取出想要物品的状态。

③ 清扫：工作场所定期清扫，使工作场所明朗化。

④ 清洁：维持整理、整顿与清扫的既有水准以达到无污染的状态。

⑤ 素养：养成遵守规则的工作习惯。

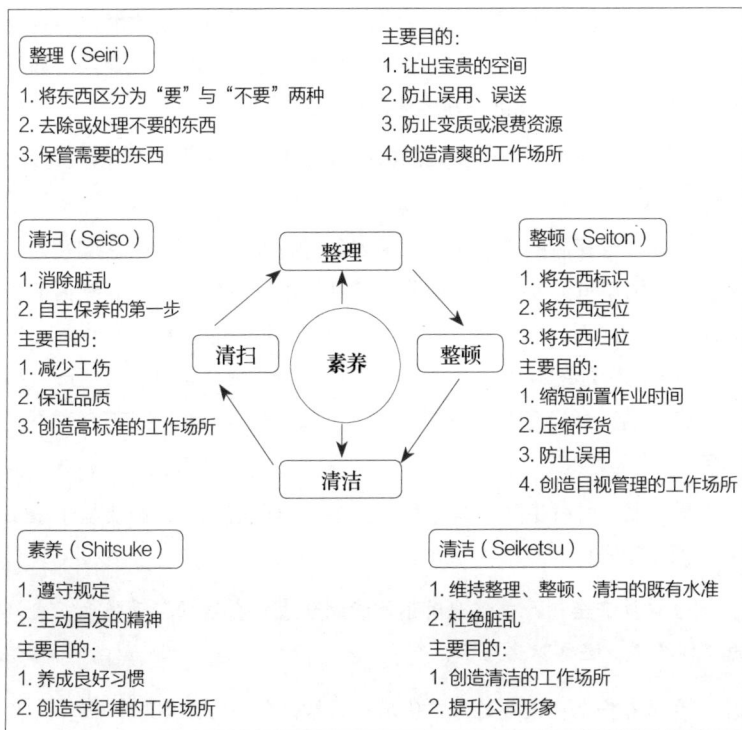

整理（Seiri）
1. 将东西区分为"要"与"不要"两种
2. 去除或处理不要的东西
3. 保管需要的东西

主要目的：
1. 让出宝贵的空间
2. 防止误用、误送
3. 防止变质或浪费资源
4. 创造清爽的工作场所

清扫（Seiso）
1. 消除脏乱
2. 自主保养的第一步
主要目的：
1. 减少工伤
2. 保证品质
3. 创造高标准的工作场所

整顿（Seiton）
1. 将东西标识
2. 将东西定位
3. 将东西归位
主要目的：
1. 缩短前置作业时间
2. 压缩存货
3. 防止误用
4. 创造目视管理的工作场所

整理　整顿　清扫　素养　清洁

素养（Shitsuke）
1. 遵守规定
2. 主动自发的精神
主要目的：
1. 养成良好习惯
2. 创造守纪律的工作场所

清洁（Seiketsu）
1. 维持整理、整顿、清扫的既有水准
2. 杜绝脏乱
主要目的：
1. 创造清洁的工作场所
2. 提升公司形象

图 1-1-1　5S 的构成

　　5S 管理的内容看似简单，但实施 5S 管理的企业在生产现场对人员、机器、材料、方法等生产要素进行的管理必须有效，才能够有效塑造形象、降低成本，实现准时交货、安全生产和高度标准化的目标，并为员工创造舒适的工作场所，最终实现现场改善。

1.1.2　6S 管理的发展历程

　　随着 5S 管理的进一步发展，在持续的实践中，很多企业也在原有的 5S 基础上增加了其他要素，如习惯化（Shiukanka）、服务（Service）及坚持（Shikoku）等要素，形成了"10S"甚至"12S"

管理理论。

其中，我国企业（以海尔为代表）在 5S 管理的基础上，结合国家大力推行的安全生产活动，独创性地将安全（Safety）要素增加进去，形成了 6S 管理理论，并迅速在国内推行开来。

我国企业由于经历了变化极大的发展历程，因此对于现场管理的理解更为深刻。

随着改革开放的不断深入，国内各行各业都经历了快速增长期，但如今市场竞争愈发激烈，企业为了维持市场竞争力，产品价格不涨反跌。与此同时，客户也更加重视产品品质。而很多订单的流失也都源自现场管理的缺失：一个脏、乱、差的现场，如何能够生产出高品质的产品？一个危机重重的现场，又如何能够确保生产效率不受影响？

事实上，所有生产经营过程的技术及管理的设计，都要基于以下的安全因素考量。

①人员安全：人员作业时不能受到伤害、合理的劳动强度、良好的工作环境、避免职业病等。

②设备安全：设备的正常使用、保养，合理的设备寿命保障。

③品质安全：合理的品质风险、合理的不良品率、合理的使用寿命等。

④财产安全：对防偷、防火、防损等措施的考量，包括公司及个人有形、无形财产的安全。

⑤交通安全：厂内外的物料货品运输、人员上下班及走动过程的安全保障。

⑥信息安全：公司经营、技术等信息，个人信息。

正因如此，5S 管理在我国迅速推行的同时，出于安全因素的考量，海尔等企业将其发展为 6S 管理，其目的就是从现场管理着手，摆脱过去脏、乱、差的危险现场，全面提升企业竞争力。

为了更好地将 6S 管理理念应用于现场，海尔创新性地提出了"6S 大脚印"方法。

根据海尔"6S 大脚印"的定义，6S 的含义如下。

① 整理：留下必要的，其他都清除掉。

② 整顿：有必要留下的，依规定摆放整齐，加以标识。

③ 清扫：工作场所看得见、看不见的地方全部清扫干净。

④ 清洁：维持整理、整顿、清扫的结果，保持干净亮丽。

⑤ 素养：每位员工养成良好习惯，遵守规则，有美誉度。

⑥ 安全：一切工作均以安全为前提。

图 1-1-2 所示是海尔"6S 大脚印"使用的 6S 自检站。

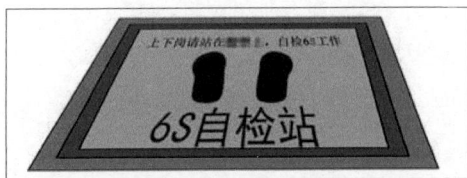

图 1-1-2 海尔"6S 大脚印"使用的 6S 自检站

"6S 大脚印"就位于生产现场，每位员工每天都要站在"6S 大脚印"上，对当天的工作进行总结：如有突出业绩，可以分享心得体会；如有失误情况，也可以沟通或求助于同事。

显然，"6S 大脚印"的核心其实在于"人"。纵观现场管理乃至整个企业管理，只有基于员工素质的提升，才能真正达成企业管理的目的。对于现场管理而言，当每位员工革除马虎之心，养成凡事认真对待的习惯，并遵守现场规定，维护工作环境之时，6S 管理就能融入每位员工的血液；做到 6S 就能成为其他员工的榜样；而有所缺失，则会自觉进行修正。

正如海尔在美国南卡罗来纳州的工厂现场，一位表现优异的员工站在"6S 大脚印"上分享经验时所说："今天站到这个地方我非常激动。我时刻注意保持安全、卫生、质量，在这些方面我尽了最大的努力。工厂对我的表扬是对我工作的认可，我非常高兴。在今后的日子里我会继续努力，为海尔贡献我的力量。"

从海尔的 6S 管理实践来看，其 6S 管理不只是一个简单的"大脚印"，而且是由中高层领导出任推行者，并身体力行地推动实施，成为基层员工的榜样，并以"样板区"作为试点，为 6S 管理的全面推行扫除障碍。在此基础上，"6S 大脚印"才能实现全方位的整体实施和有计划的过程控制。

6S 管理的发展历程，涵盖了现场管理、品质管理、生产管理乃至整个企业的管理。6S 管理已经成为维持工作现场秩序和提高工作效率的重要管理手段。它不仅适用于生产环境，更可以应用到办公室管理中，以实现调整及改良办公室工作环境和工作状况的目的。

在具体实施中，6S 管理看似"吹毛求疵"，追究细碎、简单的动作，但正是从这些动作出发，6S 管理才能在潜移默化中改变员工的工作习惯，推动企业各项工作目标顺利实现。

1.2 6S 管理活动的要素与意义

1.2.1 如何理解 6S 管理的六大要素

6S 管理在塑造企业形象、降低成本、准时交货、安全生产、高度的标准化、创造令人心旷神怡的工作场所、改善现场等方面发挥了巨大作用。随着全球化经济的发展，6S 管理已经成为工厂管理的一股新潮流。近年来，6S 管理理论正被越来越多的国内外企业所采用。

然而，当很多企业已经根据自身需求对 6S 管理理论进行了丰富、创新时，仍有不少企业无法正确理解 6S 管理的六大要素。

具体而言，6S 管理的六大要素的内涵如下。

①整理：区分现场"要"与"不要"的东西，对"不要"的东西进行处理。

②整顿：将要的东西依规定定位、定量摆放整齐，明确标识。

③清扫：清除工作场所内的垃圾和脏污，机器设备出现异常马上修理，并防止污染的产生。

④清洁：将整理、整顿、清扫的实施制度化、规范化，并维持效果。

⑤ 素养：部门内人人依规定行事，养成好习惯。

⑥ 安全：人身不受伤害，环境没有危险。

很多人以为 6S 管理的六大要素大多关注一些表层性的问题，但事实上，上述六大要素都对应更加深层的意义，如表 1-2-1 所示。

表 1-2-1　6S 管理六大要素更深层的意义

六大要素	深层意义	具体内容
整理	在整理中学会判断	如何区分？如何处理
整顿	在整顿中学会节约	根据使用需求定量、定位摆放
清扫	在清扫中学会标准化	避免脏、乱、差
清洁	在清洁中学会定置化、制度化	—
素养	在素养中养成好习惯	—
安全	在安全中培育和升华企业安全文化	—

借助这些看似表层性的管理行为，企业能够逐渐实现规范的现场管理，如物资摆放定置化、库区管理整洁化、安全管理常态化等。尤其是在这种潜移默化的影响中，企业能够形成良好的安全文化，将安

全、高效的工作习惯融入员工的血液当中。

1.2.2　6S 管理要素之间的关系

虽然在 6S 管理的起源与发展中,其六大要素是在实践过程中逐渐增加并形成的,但这并不意味着 6S 管理要素之间是各自独立、互不相关的。

事实上,在长期的实践过程中,之所以会以这六大要素构成 6S 管理,正是因为它们之间是一种相辅相成、缺一不可的关系。

图 1-2-1 中,整理是整顿的基础,整顿又是对整理的巩固,清扫是为了显现整理、整顿的效果,而清洁规范(各种规章制度)是对整理、整顿、清扫进行约束。

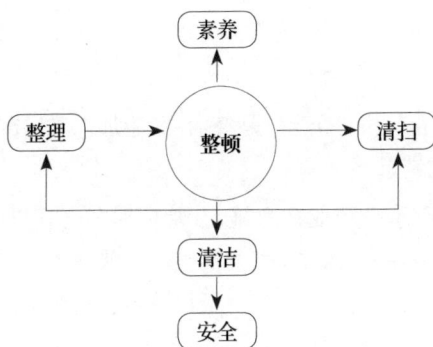

图 1-2-1　6S 管理要素之间的关系

工作的开展与完成,关键是人员。只有提高人员素养,前 4S(整理、整顿、清扫、清洁)才能得以实践。

安全是对人的保护,只有人安全了,素养提高了,才能遵守清洁规范和各种制度,保持整理、整顿及清扫、清洁的效果。

整体而言,6S 管理要素之间的关系如下。

"整理、整顿、清扫"是以场地、时间、物品等"硬环境"为对象的,是 6S 中关于现场状况改进提升的 3 项基本行动。

"清洁、素养、安全"以制度、行为、习惯等"软环境"为对象，促使 6S 向"形式化—行事化—习惯化"演变。

具体分析如下。

（1）"整理"是更具操作性的分类管理方法，将物品区分为"常用、偶尔使用和不使用"这 3 类，然后进行如下处理。

① 常用物品放置在现场。

② 偶尔使用物品放在固定的储存处。

③ 不使用的物品清除。

（2）"整顿"是将不需要的东西移开后对现场进行整顿，重新规划与安排。

（3）"清扫"是在整顿后进行的。

（4）"清洁"是将前 3S 形成管理制度，长期贯彻实施，并不断检查改进。

（5）"素养"和"安全"是在前 4S 中加上对日常行为的规范后自然而然形成的结果。

图 1-2-2 所示是企业在实施 6S 管理时，必须以制度化和标准化的"清洁"为核心，通过不断提高整理、整顿和清扫的标准来提高员工素养，打造安全的工作环境，最终达到公司整体管理水平提升的目标。

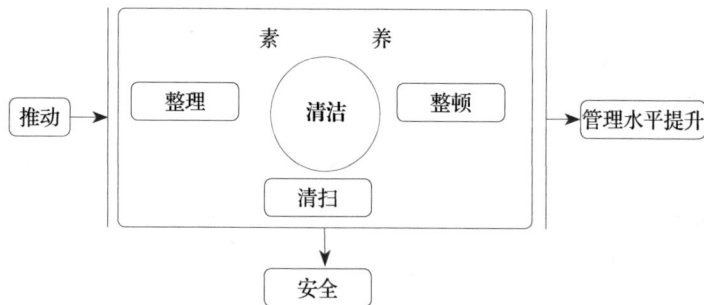

图 1-2-2　企业实施 6S 管理时必须综合推进

1.2.3　如何理解 6S 管理的要义

6S 管理是企业管理的基础，我国很多企业也引入了 6S 管理理论。但从实践来看，真正能够做到 3S 管理的企业不足 20%，能够做到 6S 管理的更是凤毛麟角了。

即便如此，仍有一些企业盲目地将 6S 管理丰富为"10S"或"12S"。这种丰富并非没有合理之处，但如果未能真正理解 6S 管理的要义，这种丰富反而会让企业在实践中失去焦点，将简单的问题复杂化。

与此同时，在很多企业的现场，我们都能看见"干净卫生、摆放整齐"这样的标语，但这实际上仍然停留于 3S 管理层面，而其效果也是微乎其微。很多企业的现场管理水平依旧低下，他们采取的措施也毫无意义。比如，在工具柜上贴上"工具柜"3 个字，但除了让员工看见这显而易见的事实之外，它解决不了任何问题，如"工具柜里有哪些工具，分别有多少个？如何判断工具柜里的工具优劣、多少？如何进行补充、更换？"都不得而知。

6S 管理的起点在于整理和整顿。整理的意义在于消除空间上的浪费，整顿的意义则在于消除时间上的浪费。如果在现场管理中，员工无法明确数量和质量的问题，就不可能辨别浪费，消除浪费也就更加无从谈起。

那么，企业应该如何理解 6S 管理的要义呢？

为了充分发挥 6S 管理的效用，企业应该明确 6S 管理要素之间的关系，将生产要素与 4S 管理要素结合理解，从而对 6S 管理有一个更加全面的认知。具体来说，如表 1-2-2 所示。

表 1-2-2　6S 管理要义

生产要素／4S 要素	安全	质量	效率			
			零故障	零污染	零浪费	零困难
整理（区分要与不要）	要安全	要良品	要完好	要整洁	要节约	要简单
	不要危险	不要缺陷	不要故障	不要污染	不要浪费	不要烦琐
整顿（合理放置）	以生产要素为中心，进行源头改善，并加以目视化管理（定置管理、标识管理）					
清扫（保持整洁）	定期清理不属于现场的物品，实时归位，持续保持整理和整顿的结果。如上下班或每周一次的清扫和归位活动等					
清洁（标准化）	将4S改善活动中的成熟做法、流程固定下来，形成可执行的标准。如生产要素的识别、源头分析与流程改善、目视化标准、清扫制度和考核标准等					

在表 1-2-2 中，我们没有列入"素养（Shitsuke）"要素，这是因为，素养的含义在于养成一种习惯，而这种习惯贯穿于 6S 管理的每个细节。

① 革除马虎之心，养成凡事都认真对待的习惯。

② 遵守规定的习惯。

③ 自觉维护环境，保持环境整洁、标准的习惯。

④ 文明礼貌的习惯。

关于 6S 管理要义，一言以蔽之：关注生产要素，突出现场安全管理，将素养习惯贯穿始终，持续 4S 管理活动。

如果企业能够做到这一点，就真正地掌握了 6S 管理的要义，也就能真正改善现场环境的质量和员工的思维习惯，使企业对各类生产要素实现有效的全面质量管理。

1.2.4　企业推行 6S 管理的意义

对于企业而言，6S 管理的本质是一种态度，是执行力的文化；

对于管理人员来说，6S 管理是应有的基本能力，是管理的根本；对员工来说，6S 管理有利于培养纪律性和良好的行为习惯，是成就事业的基础。

在没有推行 6S 管理的工厂，每个岗位都有可能出现各种各样不规范的现象，如垃圾、油漆、铁屑满地都是，零件、纸箱随意丢在地板上，人员、车辆都在狭窄的过道上无序地穿行。

不推行 6S 管理，轻则找不到自己要找的东西，浪费大量的时间；重则导致机器损坏。如不对设备进行有效地管理，即使是最先进的设备，也会很快成为不良器械，等待维修或报废。对于这样的工厂来说，企业即使不断地引进先进、优秀的管理方法也不见得有什么显著的效果。企业要想彻底改变这种状况，就要从简单的 6S 管理做起，从基础抓起。

实施 6S 管理能够为企业带来巨大的好处：改善品质、提高生产力、降低成本、确保准时交货、确保安全生产及保持员工的生产积极性。

具体而言，6S 管理对效率提升与企业文化塑造的意义体现在以下方面。

1. 6S 是最佳推销员（Sales）

（1）被消费者称赞为干净整洁的工厂，消费者对其产品更有信心，乐于购买并口碑相传，会有更多的人买工厂的产品。

（2）整洁明朗的环境，会使大家愿意到这样的工厂工作。

2. 6S 是节约家（Saving）

（1）减少很多不必要的材料及工具的浪费，减少"寻找"的浪费，节省很多宝贵的时间。

（2）减少工时，提高效率。

3. 6S 对安全有保障（Safety）

（1）宽敞明亮、视野开阔的工作场所，物流走向、物品管理一目了然。

（2）遵守陈列限制，危险处一目了然。

（3）通道明确，不会造成杂乱情形从而影响工作的顺畅进行。

4. 6S 是标准化的推动者（Standardization）

（1）"三定"（定点、定容、定量）、"三大要素"（场所、方法、标识）规范现场作业。

（2）大家都按照规定执行任务。

（3）程序稳定带来品质稳定，成本受控。

5. 6S 形成令人满意的职场（Satisfaction）

（1）明亮、规范的工作场所。

（2）员工动手进行改善，有成就感。

（3）营造全体人员都参与改善的氛围。

总而言之，6S 管理看似简单却恰当又实用，是提升企业管理水平的不可多得的良方，同时也是提升员工个人素质的良策。

通过 6S 管理，企业至少可以得到 4 个满意的结果，如表 1-2-3 所示。

表 1-2-3　6S 管理得到的结果

序号	项目	内容
1	投资者满意	创造效益，让投资者得到回报
2	客户满意	提供交货期且质量保证，让客户更放心
3	员工满意	提供更舒适与安全的工作环境，以人为本
4	社会满意	承担更多的社会责任，为社会培养更高素质的人才

1.3　现场管理中的 6S 管理

1.3.1　6S 管理是现场管理的基础

6S 管理的目的是改变人的思维方式和行动方式，是企业管理的基础，更是现场管理的基础。

与世界先进企业相比，我国很多制造型企业的现场管理仍处于较低水平。虽然我国企业的管理水平取得了长足的进步，但还是有许多企业的现场管理重心仍然在"干净卫生、摆放整齐"，其管理方式也只是粗暴地加大处罚力度。

这样的现场管理，当然无法消除浪费、控制成本、提高品质，而当安全或质量事故发生时，企业也大多以"工人违反规定"为由，将责任归咎于个人。而在此后，情况却毫无改变，事故也一再发生。

生产现场是现代企业生产力的载体，员工直接在此从事生产、创造价值。因此，现场管理是现代企业创造价值的关键环节，企业管理中存在的诸多问题，也必然会在现场反映出来。

现场管理的首要任务，就是通过生产要素的合理配置，确保生产活动高效、有序地进行，并完成预定的生产计划。

任何一家企业，即使拥有世界上最先进的生产工艺或设备，如果没有有效的现场管理，在脏、乱、差的现场环境下，在素质低下的员工手中，这些生产工艺或设备都不可能创造出预期的价值。

现场管理的核心价值，就是借助科学、合理的管理方法，对生产现场的材料、设备、人员等生产要素进行有效管理。

无论是要完成现场管理的首要任务，还是要实现现场管理的核心价值，6S 管理都是其必然基础。具体而言，可以从企业管理的 6 个角度来理解。

1. 品质（Quality）

品质是指产品的性能、性价比等要素，是产品的固有特性，也是客户的消费目的。实施 6S 管理的企业，必然需要通过清洁来构建标准化制度，这样才能确保生产过程的标准化、规范化，并提升产品良品率和产品的品质，建立产品的性价比优势。

2. 成本（Cost）

同质化竞争必然引发恶性的价格战，在这种市场环境下，成本就成为构成产品竞争力的关键环节。而 6S 管理的整理、整顿、清扫的意义就在于消除浪费、控制成本，并大幅提升生产效率，以实现生产成本的最小化，为企业获取成本优势。

3. 工期（Delivery）

工期，即产品交货期。随着个性化消费时代的到来，大批量生产已不再适应市场发展，多品种、小批量的个性化生产，逐渐成为市场的主流生产模式，这就对企业的生产弹性提出了更高的要求。此时，6S 管理作为一种预防手段，能有效缩短工期，并及时发现、解决生产现场存在的问题。

4. 服务（Service）

服务是产品溢价的重要因素，也是形成品牌价值和黏性的关键。企业想要提升客户服务体验，其核心就在于培养员工的敬业精神和充分调动员工的工作积极性。只有如此，员工才能主动为客户提供优质服务。对此，企业可以通过 6S 管理为员工提供舒适的工作场所。

5. 技术（Technology）

技术是企业的核心竞争力：谁掌握了高新技术，谁就掌握了市场竞争的主动权。而高新技术的出现离不开现场的实践与积累，6S 管理不仅能够将此形成制度，还能将其融入员工习惯中，从而真正提升企业的技术研发能力。

6. 管理（Management）

现场管理是对材料、设备、人员等生产要素的管理，只有科学化、效能化的管理，才能推动各项生产要素达到最优，完成企业创造价值的关键环节。

6S 管理不仅是现场管理的基础，更是企业管理的基础。企业只有在品质、成本、工期、服务、技术、管理这 6 个层面都做到最佳时，才能在市场上获得突出的竞争力。

1.3.2　如何摆正推行 6S 管理的心态

6S 管理对现场管理乃至企业管理的积极作用，已经得到许多企业管理者的认可，而 6S 管理也被引入越来越多的企业。但遗憾的是，我国许多企业的生产管理、现场管理水平仍然较低。当企业管理者抱怨员工"不遵守规定、素质差"时，其背后的原因其实是推行者尚未摆正推行 6S 管理的心态。

心态一：6S 管理不是简单地做卫生，而是关乎企业管理的各个方面。

6S 管理的作用模式是从细碎、简单的动作出发，在潜移默化中改变员工的习惯，从而提高生产效率。

但是，很多企业管理者对 6S 管理的理解仅仅停留于表面，认为 6S 管理只是简单地做卫生。与此同时，由于有些企业未能妥善推行 6S 管理而走向失败，也让他们对 6S 管理的效果产生怀疑。

事实上，6S 管理虽然源自现场管理，但在多年的实践中，其应用范围却已经拓展至企业管理的方方面面。无论是生产现场还是办公室，6S 管理都能帮助企业改善工作环境、提高工作效率，推动企业向高质量管理方向发展。

在推行 6S 管理时，推行者必须摆正心态，对 6S 管理形成深刻的认知，并在领导重视、全员参与中，建立 6S 管理体系，从而取得应有的成效。

心态二：6S 管理不能一蹴而就，必须步步为营。

推行 6S 管理是一项长期、持续性的工作。只有持续地推行，6S 管理才能在潜移默化中融入员工的血液，发挥它应有的效用。

与此同时，6S 管理并没有标准模板，每家企业的实际情况不同，其 6S 管理制度也有所区别。即使是非常专业的管理顾问，也不可能一次就设计出最契合企业实际的 6S 管理模式。

因此，在推行 6S 管理时，推行者要摆正心态、避免急躁。6S 管理不能一蹴而就，也无法在短期内出现明显效果，推行者必须步步为营。

很多企业管理者看到同行都在推行 6S 管理，就赶紧了解学习，结果还未研究透彻，就开始制定 6S 管理制度，并推广到整个企业。如此一来，这些企业最终可能不仅无法提升现场管理质量，反而还会造成负面影响。

心态三：企业不仅是自己的，更是大家的。

很多企业管理者管理企业的心态仍然停留在"自己的企业"的阶段。因此，这些企业管理的内容往往是：领导谈理想、做总结、下指示；中层干部想办法、做考核；基层员工只需按章办事。

换位思考一下，可能在基层员工看来，考核标准是中层管理者制定的，办法是领导干部构思出来的，成本、效益、理想都是领导的，而这一切都"与我无关"。那么，现场的轴承坏了，再买一个就好，反正也不是自己出钱……

6S 管理的推行，源自每位员工的积极参与、自觉维护，而当基层员工将一切看作"与我无关"时，自然也不会维护企业利益、参与现场改善。

因此，在推行 6S 管理时，企业管理者首先要摆正心态：企业不仅是自己的，更是大家的，企业里的所有成员一荣俱荣、一损俱损。

而企业要达到这一目标，就不能仅仅采用由上到下的高压政策，而是要让基层员工能够参与现场管理，并设计出"6S 大脚印"这样的办法，鼓励员工成长并表扬优秀员工。

1.3.3　实施了 6S 管理后的现场是什么样的

6S 管理是一种适用性强的现场管理手段，很多企业的成功都离不开 6S 管理的实施。但同样有很多企业管理者在推行 6S 管理时，因为未能摆正心态、掌握方法，而走向失败。

因此，很多企业在未能充分理解 6S 管理时，都会产生疑虑：耗费大量精力推行的 6S 管理，是否真的能够实现应有的效果？6S 管理是否会浪费精力，甚至扰乱现有秩序？

此时，企业可以先实地考察一些成功实施 6S 管理的企业，看看实施了 6S 管理后的现场是什么样的。从实践来看，每个成功实施 6S 管理的企业都能取得以下 5 个效果。

①提升企业形象，创造整齐、清洁、井井有条的工作环境，增强顾客信任度，成为其他公司学习的榜样，提升企业知名度。

②工作效率得以提升，有良好的工作环境和工作氛围，物品摆放有序，不用寻找，没有多余的物品、工具，员工可以集中精力工作。

③构筑工作（产品）品质保证的基础。优良的产品品质来自优良的工作环境。员工通过定期清扫、点检，不断净化工作环境，避免污物损坏机器，维持设备的正常状态，提高产品品质。

④减少各种浪费。减少场地、时间、材料、消耗品、能源、人员等资源的浪费，从而降低生产成本。

⑤创造安全的工作场所。现场情况一目了然，物归原位，工作场所宽敞明亮，通道畅通，地上不随意摆放不该放置的物品。工作场所井然有序，减少意外的发生。

现代化企业成功的经验告诉我们：一个企业要发展，除了设备要精密、产品要优良外，6S 管理更加重要。

脏乱的工作场所，不仅会造成时间成本太高，人员安全没保障、士气低落，更重要的是无法制造出优良的产品。尤其是当客户下大笔订单前，一定会到生产现场参观。如果企业未彻底推行 6S 管理，那么经常需要临时抱佛脚来整理，既费时又耗人力。

反之，实施 6S 管理的企业或办公室，则一定窗明几净，物品放置井然有序，通道畅通无阻。这样的企业形象，容易获得客户的信赖，成为企业无形的宝贵资源。

现今人们生活水平提高，教育水准层次高，开始追求美好的生活品质，拥有更新迭代的价值观。企业环境的好坏也成为新一代年轻人选择工作时要衡量的条件之一。因此，创造明朗、舒适的工作环境，也成为人力资源管理的对策之一。

当然，实施 6S 管理的效果绝不只是停留于表面，其更深层次的效果在于习惯的力量。

在 6S 管理的持续推行中，员工的思维方式、行为模式也会随之改变，并慢慢养成良好的习惯。此后，员工也将不再只是按章办事，而是学会带着问题看现场，从而能够及时发现问题、解决问题。

当企业能够通过 6S 管理激发习惯的力量时，现场管理也就进入一个螺旋式提升的轨道，让每位员工都能主动参与到现场管理的改善中，从而推动企业更加高效地创造价值。

第二章

6S 管理推行步骤、要领及原则

　　正确认识 6S 是精益管理的起点，而要发挥 6S 管理的效用，企业需掌握 6S 管理的落地方法，避免事倍功半，甚至损害企业利益。本章将从 6S 管理的推行步骤、推行要领和推行原则 3 个角度出发，探讨如何做到步步为营、稳扎稳打，规避 6S 管理的各种误区与陷阱，真正将 6S 管理落到实处。

2.1 6S 管理推行的十大步骤

2.1.1 6S 自我评估和诊断标准

掌握了 6S 管理的基础知识，并不意味着企业已经具备推行 6S 管理的能力。相反，很多企业正是因为盲目推行 6S 管理，而陷入 6S 管理的误区，导致事倍功半，甚至损害企业利益。

在实践中，有些企业只是将 6S 管理类图书中的方法照搬到现实当中。但他们不知道的是，很多 6S 管理类图书中的方法看似热闹，但却存在浓厚的形式主义色彩，与企业的实际需求相去甚远。

无论是照搬，还是创新，企业都必须对自身情况和实际需求有清晰的认知。因此，推行 6S 管理的第一步，就是进行 6S 自我评估和诊断。

为此，企业可以组织专门的评估委员会对企业各部门、全区域进行彻底、细致的自我评估，具体包括人员构成、现场分布、厂房结构、卫生清洁等内容。参照 6S 管理标准，对企业情况进行诊断，明确企业的不足、浪费之处，这也是推行 6S 管理的基础。

具体而言，6S 自我评估与诊断标准如表 2-1-1 所示。

表 2-1-1 6S 自我评估与诊断标准

序号	评估项目	评估与诊断标准
1	公共设施环境卫生	（1）浴室、卫生间、锅炉房、垃圾箱等公共设施完好 （2）环境卫生有专人负责，及时清理，无卫生死角 （3）厂区绿化统一规划，花草树木布局合理、养护良好
2	厂区道路车辆	（1）道路平整、干净、整洁，交通标识和画线标准、规范、醒目 （2）机动车、非机动车停放位置固定、标识清楚
3	宣传标识	（1）张贴、悬挂展示企业文化的宣传标语 （2）宣传形式多样、内容丰富

续表

序号	评估项目	评估与诊断标准
4	办公室物品和文件资料	（1）办公室物品摆放整齐、有序，各类导线集束，实施色标管理 （2）办公设备完好、整洁 （3）文件资料分类定置存放，标识清楚，便于检索 （4）桌面及抽屉内物品保持正常办公的最低限量
5	办公区通道、门窗、墙壁和地面	（1）门厅和通道平整、干净 （2）门窗、墙壁、天花板、照明设备完好且整洁 （3）室内明亮、空气清新、温度适宜
6	作业现场通道和室内区域线	（1）通道平整、通畅、干净、无占用 （2）地面画线清楚、功能分区明确，标识可移动物摆放位置，颜色、规格统一
7	作业区地面、门窗和墙壁	（1）地面平整、干净 （2）作业现场空气清新、环境明亮 （3）标语、图片、图板的悬挂和张贴符合要求 （4）各种不同功能的管线布置合理、标识规范
8	作业现场设备、工装、工具、工位器具和物料	（1）定置管理，设备（含检测、试验设备）、仪器、工装、工具、工位器具和物料分类合理、摆放有序 （2）作业现场不存放无用或长久不用的物品 （3）消除跑、冒、滴、漏现象，设备无油污，杜绝污染
9	作业现场产品	（1）防止零部件磕碰划伤的措施良好、有效 （2）产品状态标识清楚、明确，严格区分合格品与不合格品 （3）产品放置区域合理、标识清楚
10	作业现场文件	（1）文件是适用、有效的版本 （2）各种记录完整、清楚 （3）文件摆放位置适当、保持良好
11	库房	（1）定置管理，摆放整齐 （2）位置图悬挂标准，通道畅通 （3）账、卡、物相符，标识清楚 （4）安全防护措施到位
12	安全生产	（1）建立安全管理组织网络，配备专职管理人员 （2）建立安全生产责任制，层层落实 （3）制定安全生产作业规程，人人自觉遵守 （4）有计划地开展安全生产教育与培训
13	行为规范与仪容	（1）员工自觉执行公司的相关规定，严格遵守作业纪律 （2）工作坚持高标准，追求"零缺陷" （3）制定并遵守礼仪守则 （4）衣着整洁 （5）工作时间按规定统一穿戴工作服、工作帽 （6）工厂区内上班时间，员工能自觉做到不吸烟

2.1.2　成立专门的推行组织

6S 管理涉及企业经营的各部门、全区域，它并不只是关乎现场管理，也不只是一个简单制度，而是一个持续改善的过程。

企业要顺利地开展生产现场的 6S 管理工作，需要调动每一个员工的参与积极性，对员工进行相关的培训，使 6S 管理理念在潜移默化中深入人心。企业应当建立专门的 6S 管理部门，负责 6S 管理工作的推行。同时分层次地构建相关管理组织，分工明确、权责分明，推行责任制，要具体到细节和小事上，做到无论什么细节，什么事情都能有相关人员进行负责和管理，要使员工和相关负责人员与具体利益相联系，从而充分地调动员工的工作积极性。

因此，为了确保 6S 管理持续、有效地推行，企业必须成立专门的推行组织。

常见的 6S 管理推行组织就是 6S 管理推行委员会，如图 2-1-1 所示。

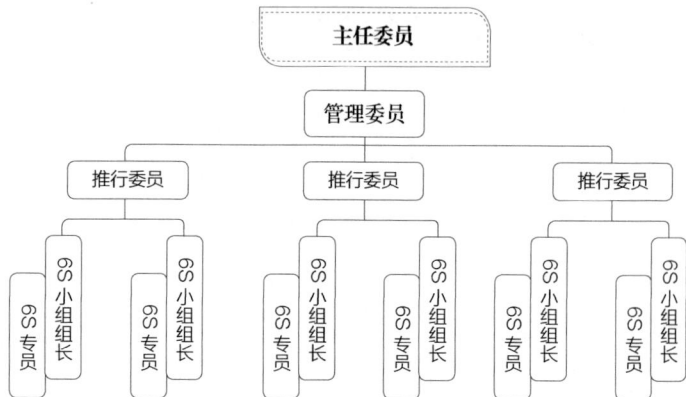

图 2-1-1　6S 管理推行委员会

6S 管理推行委员会的职责是全权负责企业的 6S 管理工作，具体包括相关文件（6S 工作计划及实施方法、管理制度、检查标准、考核制度等）起草、各部门工作协调、检查、督办、评比、教育、指导和参与持续改善工作等。

6S 管理推行委员会是企业推行 6S 管理的主导部门。因此，6S 管理推行委员会的成员必须具备较高的素质。

① 对 6S 管理的效果有明确认知。

② 具有强烈的责任心，有主见。

③ 对企业经营情况有全面了解，包括产品、技术、现场、物流、销售等各环节的情况。

④ 具有较强的综合素质，尤其是沟通能力。

⑤ 在企业中拥有一定的影响力。

由此可见，我们对 6S 管理推行委员会成员的期望，并非一个"专家"，而是一个"杂家"。也只有这样的人员，才能将 6S 管理融入企业管理的各个方面。

但要注意的是，6S 管理推行委员会需要与各个部门打交道，而这离不开上级领导的坚定支持，否则，在权力冲突下，6S 管理推行委员会在企业内部可能会寸步难行。

这也意味着，6S 管理推行委员会并非一个形式化的组织，而是能够真正发挥效用的常设机构。事实上，6S 管理的推行组织并不一定采用委员会的形式，根据企业规模等情况，企业也可以采用办公室等形式。

推行 6S 管理的关键并不在于形式，而在于通过持续地推行、管理，将 6S 管理融入每一个岗位、每一个人员，让 6S 管理真正融入企业的血液。

2.1.3　制定推行方针及目标

6S 自我评估和诊断，能够让企业明确自身的不足。6S 管理推行委员会，构成了 6S 管理推行的主导机构。而 6S 管理推行方针和目标，则是 6S 管理的活动准则。

企业一旦制定出可行的推行方针和目标，就要在企业内部广为宣

5S精益管理实战（精装版）

传，增加全员对6S管理的了解，使要实现的目标更加明朗化。

6S管理活动推行时，应将每年的目标分解为每月一个，作为管理活动努力的方向，同时便于活动过程中对成果的评估。

1. 推行方针不空洞

在企业管理中，一旦谈及方针问题，常会流于表面，缺乏具体执行。而6S管理作为紧贴企业实际的管理活动，其推行方针就要避免空洞。6S管理推行方针的制定，必须与企业实际相结合，同时也要有号召力，比如"规范现场、提升品质""于细微之处着手，借挑战塑造自我"等。

2. 期望目标明朗化

与推行方针相比，6S管理期望目标的制定要更加明朗。只有如此，6S管理才能做到有的放矢，才能对管理效果进行有效评估。为此，企业可以从以下3个角度着手，让员工明确6S管理推行目标。

（1）制定明确的KPI（Key Performance Indicator，关键绩效指标），并确认评估标准和奖惩手段。

（2）制定"6S日常检查确认表"，由推行委员会进行定期或不定期的检查。

（3）确定非量化目标，如来宾到厂参观，无须临时准备。

3. 坚持以人为本

6S管理来源于日常生活，是一种人性化的管理模式，它的出发点和落脚点在于让人在清洁、安全的环境下工作，并不断提升素养。推进6S管理，要遵循效率化、持久化和美观的原则。

（1）效率化原则。

坚持效率化原则，一是要有一个工作标准，而这个标准的确定必须把定置管理可以提高工作效率作为先决条件。定置管理因人而异，却又大同小异。总之，便于操作，得心应手，是提高效率的标准。凡事总得有个标准，随意性不可太强。标准一旦确立，就需要一个确认书加以认定。二是要明确责任，让具体事务细分到个人，防止推诿扯皮。

· 26 ·

（2）持久化原则。

6S 管理只有持之以恒，才会见到效果，要持续地推行 6S 管理工作，一要靠制度，二要靠激励，三要靠人性化。

① 要靠制度。

健全和落实各项管理制度、检查考核问责制度、奖罚制度、培训制度、问题整改制度、确认制度等，以制度约束人。落实制度一定要克服"会吵的小孩有糖吃"这个管理上最忌讳的弊端。

② 要靠激励。

实施一套新的管理模式，意味着对原来的一些习惯的否定，员工总会有一个不适期。6S 管理工作，不是某个人、某个领导的事，而是需要全员参与、动手动脑的事，企业需要不断激励员工，给予他们动力和支持。

③ 要靠人性化。

促使 6S 管理工作持久推行，关键在于整顿这个环节，企业需要认真思考如何让使用、拿取更加人性化，更加便于员工遵守和维持。

6S 管理是尊重人的管理，推行过程不但要考虑人的共性，而且要尊重人的个性。各种标准的制定和修改都应充分征求相关员工的意见，要坚决克服管理上的绝对平均主义和"大锅饭"，否则就成了最大的浪费，这与 6S 管理精神格格不入。管理既是一门遵循规律、照章办事的科学，同时也是讲究方法、注重情感的艺术。

（3）美观原则。

企业要通过生产、工作、学习和生活的场景来表达、展现自身健康乐观的理念。企业要塑造一个舒适、温馨、感动、奋进的充满艺术氛围的环境。所以，为了善待自己、善待他人、善待事业，不能忘记美化环境。

4. 要心动，要行动

（1）心动。

管理者要通过会议、文件、刊物等途径全面地宣传 6S 管理的有关知识及内容，使全体人员了解、理解 6S 管理模式，以及实施 6S 管理能给员工带来的精神和物质方面的好处，一定要让全员心动。因为行动要由思想指导，心动影响行动。6S 管理对企业管理者来说也是一场考试，应该争取中个"状元"。

（2）行动。

① 目标一致。

6S 管理需要全员参与、全员行动，因此必须目标一致、步调一致。企业推行 6S 管理的远景目标就是要提高企业生产效率，这需要各个部门的共同协作，不能各唱各的调，只有步调一致才能取得胜利。

② 培训到位。

6S 管理是一项系统工程，牵涉方方面面。6S 管理作为一种管理模式，与日常生活中的打扫卫生、牌面整理等有所区别。因此企业必须分类别、分层次进行全员培训。

③ 循序渐进。

通过宣传营造了浓厚的氛围，统一了目标，并通过培训增长了见识和才干后，就可以齐心协力地按由点到面、由面到点、目视管理、精益求精、维持改善的顺序推行 6S 管理工作了。

2.1.4 拟订推行计划及实施办法

为了实现 6S 推行目标，企业必须结合自身实际拟订具体的推行计划，并由各部门根据整体计划确定实施办法。这实际上是一个层层分解的过程，如图 2-1-2 所示。

目标	• 量化目标 • 非量化目标
计划	• 活动阶段 • 工作内容
实施	• 实施办法 • 内部考核

图2-1-2　6S管理推行计划分解

无论是整体计划，或是实施办法，其目的都是实现既定的6S推行目标。但其侧重点有所区别。

1. 制订总体6S推行计划，确定活动阶段和相应工作内容

企业推行6S管理必然涉及多个阶段，如自我评估、局部试点、总结改善、逐步推广等。而在每个阶段，6S推行的工作重点和管理对象都各不相同。

因此，在制订总体6S推行计划时，企业必须按照实际情况，确定相应的活动阶段，并确定每个阶段的工作内容。

2. 根据整体推行计划，由各部门、小组拟订内部计划和实施办法

6S管理想要落地，就必须拥有具体的实施办法，如表2-1-2所示。

表2-1-2　6S 活动推行细化计划

项目进程 里程碑	项目实施						后续服务
	第一个阶段（7月）	第二个阶段（8月）	第三个阶段（9月）	第四个阶段（10月）	第五个阶段（11月）	第六个阶段（12月）	第七个阶段（下一年的1—2月）
1. 现场诊断调研	① ①						
2. 项目小组成立	②						
3. 项目启动会		③					
4. 启蒙（培训/宣传）	④ ④	④ ④					
5. 整理、整顿、清扫	⑤	⑤ ⑤ ⑤	⑤ ⑤ ⑤	⑤ ⑤ ⑤	⑤ ⑤ ⑤	⑤ ⑤ ⑤	⑤ ⑤ ⑤
6. 清洁、安全生产		⑥	⑥ ⑥ ⑥	⑥ ⑥ ⑥	⑥ ⑥ ⑥	⑥ ⑥ ⑥	⑥ ⑥ ⑥
7. 良好素养（习惯）			⑦ ⑦	⑦ ⑦ ⑦	⑦ ⑦ ⑦	⑦ ⑦ ⑦	⑦ ⑦ ⑦
8. 综合评估及改进						⑧	
9. 后续服务跟踪							

注：表格中带圈序号的含义如下。

①挖掘并把握现场的主要问题，明确重点、难点；发布诊断报告，落实责任。

②明确 6S 管理分工，落实责任（公示委员会）。

③宣布 6S 管理活动开始，展示领导决心，动员全员参与；宣布公司 6S 管理方针、咨询机构。

④培训活动概要／规则，集中对干部进行内训；干部对员工进行日常培训，不断深化对 6S 管理的认知；制作宣传板报，打造 6S 管理活动的热潮；板报评比，互相交流学习。

⑤制定整理、整顿、清扫的标准，统一目视管理的标准；实施全员大整理、大整顿、大清扫的制度（区域负责制）；制定检查标准，评出优秀样板间并推广，对问题点及改善前后的情况拍照保存；实施现场检查评比，改善问题，创造清爽、有序、干净的现场；外出参观学习一流 6S 管理企业，取长补短，以此全面实施 6S 管理。

⑥深入培训 4S/6S 的目视管理（集中对干部进行内训）；建立清洁、安全管理、员工行为规范的制度及标准；整顿、整理、清扫、安全标准化，培养员工好习惯；深入实施全面的考核检查，改进问题，形成制度化管理。

⑦制定员工行为规范（手册），并进行宣传推行；注重意识的改良，培养好习惯，提升员工的素养。

⑧评估及改进；总结、提升目标。

其中，第七个阶段的后续服务，贯穿始终，目标是维持改进，使得 6S 制度化、标准化。

为了确保工作计划的有效分解，在确定 6S 整体推行计划后，6S 管理推行委员会可以联合各部门主管，通过商讨将计划涉及内容分配到各个部门，各部门则可进一步将之分配到各个小组。

此时，各部门、小组可以根据需要完成的任务，拟订详细的工作计划和实施办法，并制定相应的绩效考核办法。

2.1.5　培训教育

很多企业在 6S 管理的推行过程中，往往会忽视培训教育。事实上，如果员工不了解 6S 管理活动的意义，不清楚 6S 管理活动的好处，他们就不会主动推行 6S 管理。

与主动推行相比，缺乏 6S 管理培训教育的员工，大多是被企业强迫着去实践，其效果也可想而知。因此，为了将 6S 管理推行工作做到实处，必须对所有人员进行 6S 管理基础知识普及和强化培训。

1. 培训内容

6S 管理培训教育的内容十分丰富，根据培训对象的不同可以分为全员培训、主管培训、专家培训等，培训的侧重点和深度也有相应差异。

一般而言，6S 培训教育的内容如下。

（1）6S 管理的内容及意义。

（2）6S 管理的方针及目的。

（3）6S 管理的实施办法。

（4）6S 管理的评比方法。

（5）新进员工的初级培训。

2. 教育形式

在经济转型升级的新时代，培训教育的形式得到极大丰富。因此，企业无须局限于会议室"开大课"的形式，也可采用录像观影、观摩样板、学习手册等教育形式。与此同时，企业也可借助互联网手段，采用直播、公开课等新型教育形式。

教育形式应当与培训内容和对象相契合，从而更好地展现培训内容，并让培训对象很好地接受。

3. 培训重点

针对6S管理常见的误区与陷阱，6S管理培训教育需要关注3个重点内容。

（1）学习与认识。

公司全体员工（包括高层管理者）应加强对6S管理体系的学习与认识，真正了解并熟悉6S管理体系的内涵，真正明白自己应该怎样去面对6S管理体系，真正知道自己应该怎样按照6S管理体系去做，真正明白做好6S管理工作对一个企业发展的重要性。这些不是单纯的培训就能够解决的，只有每位员工真正地了解它、熟悉它、支持它才能够解决这一问题。

（2）参与积极性。

每位员工都要充分发挥自己的积极性，共同做好6S管理工作。6S管理体系的开展不单单是6S管理小组的责任，也不单单是部门6S管理专员的责任，更不单单是高层领导的责任，而是全体员工共同的责任。

因此在6S管理培训教育过程中，需要每位员工保持积极主动的态度。每个人都应该去支持、去熟悉、去做、去发现问题、去解决问题。只有这样才能消除部分员工不负责、拖沓、懒散的现象，才能够促进6S管理工作的顺利开展。

（3）主动整改、不推脱。

在6S管理的检查过程中发现的问题要积极主动地去整改，不要推脱责任。部门主管和6S管理的主管领导在推行6S管理工作中，要将考核标准化、公平化、制度化，并分项、分类、分点将责任落实到每个人的身上，通过有效手段确保标准的实现，并不断改善。

2.1.6　宣传造势

只有全员重视、全员参与，6S管理才能取得良好的效果。对6S管理工作来说，使其工作活动起到最大效果的方式莫过于宣传，比如对生产环境和工作质量的宣传，对企业文化素养的宣传，对生产现场工作人员素质的宣传等。

要判定 6S 管理工作是否有效地开展，一个重要的指标就是是否对企业进行了有效的宣传，而宣传成功与否就在于管理人员推行力度的大小。企业应该对员工和相关的管理人员进行定期的培训，逐渐使 6S 管理理念深入人心，将被动化为主动，使员工和相关的管理人员在工作中不自觉地进行 6S 管理活动，让 6S 管理理念在员工的生产实践中更加清晰化、成熟化。

因此，企业必须做好宣传活动，让员工看到企业推进 6S 管理的决心并了解相关办法。

具体而言，做好 6S 管理宣传工作的主要办法如下。

① 由经理和部门主管表达推行 6S 管理活动的决心。

② 领导以身作则，定期或不定期地巡视现场，让员工感受到自己被重视。

③ 利用公司内部刊物宣传介绍 6S 管理知识。

④ 外购或制作 6S 管理海报及标语张贴在厂区内、各区培训室、休息室。

⑤ 定期由 6S 管理推行委员会主任委员带头对各区的 6S 管理执行情况进行抽查，进行 6S 管理的加强及再教育。

2.1.7 局部推行 6S

企业推行 6S 管理时，切忌直接进行全面推广，否则，一旦推行计划与企业不相匹配，就可能造成无法挽回的损失。因此，6S 管理推行必须采用局部推行的方法，通过样板试点的方式，总结经验、改善管理。

具体来看，局部推行 6S 管理主要有以下 4 项重要内容。

① 选定样板区：由 6S 管理推行委员会对部门所负责的各区域现

场进行诊断，根据各区域的实际情况选定样板区。

②实施改善：选定样板区域，集中精锐力量，对选定的样板区进行现场改善，对改善前后的状况进行拍照留存。

③效果确认：由部门领导对各样板区的效果进行确认。

④经验交流：总结经验，改正缺点，各区参照样板区的标准对现场区域进行整改并推广。

局部实践是为了确认方案在全面推行时的具体效果，同时为相关单位提供详细的推行资料，这样能够为企业后期全面推广 6S 管理的相关计划提供详细的样板，方便企业进行改善和补充。

需要注意的是，当相应的局部推行方案在实施过程中出现偏差时，企业应当根据相关问题制定专业的补充计划，这样也能为后期方案的正确实施提供更好的帮助。

2.1.8　6S 推广与持续推行

在样板试点与总结改善中，6S 管理也能进一步推广并持续推行，逐渐将 6S 管理推广至企业的各部门、全领域，从而最大化地发挥出 6S 管理的功效。

其中，主要包含 3 项重要工作。

①制作"6S 日常检查确认表"，由 6S 管理推行委员会牵头，组织相关部门对公司各部门进行定期和不定期的检查。

②对检查中发现的问题点的质疑要进行解答，对问题点要提出整改对策并实施。

③依照 6S 活动管理办法进行评价，督促各责任部门实施改善并进行相应的奖惩。监督检查要与考核结合起来，不能流于形式。

6S 推广与持续推行主要是为了增强方案实施的可持续性，同时也是为了培养员工对规章制度的自觉遵守能力，继而使 6S 管理的实施能够在很大程度上实现标准化和制度化。

企业对 6S 管理的实施一定要长期坚持，这样才能使 6S 管理活动的成果最大限度地应用于企业生产中，同时也能够使相关制度成为改善员工不良习惯的最佳手段，最终使其成为员工工作的一部分。

2.1.9　检讨与修正

基于背景、架构、模式、规模、文化、素质等各种要素的区别，6S 管理在每家企业的实践效果都有所区别，我们很难总结出一套适用于所有企业的 6S 管理模型。因此，企业在推行 6S 管理时，必须坚持检讨与修正，采取可行的对策、取得满意的结果。

为此，各责任部门必须善于检讨现状，在反复检查、改善中不断提高现场的管理水平；也必须善于总结提升，在不断地自我完善中加深对 6S 管理的认识。

企业可以从以下 3 个方面着手。

首先，及时检验修正。

要及时对在整理、整顿环节中出现的问题进行反馈和检查，保证工作的顺利进行，并且确保每项工作都能具有良好的效果，可以通过摄影记录的方式进行问题解决前后的比照。员工及相关负责人员一起，对所积累的经验和成果进行展示和学习。

其次，激励全员检验。

要充分调动每一个员工的积极性，小问题、小故障要及时汇报，并记入评分项，同时广泛地收集与采纳工作人员在生产活动中提出的新措施、新方法，并予以嘉奖。

最后，年度总结推广。

每年年底召开一次年度 6S 管理改善总结大会，总结一年来在 6S 管理活动中的得与失、经验与教训，对好的改善项目要进行广泛推广，对在 6S 管理活动中表现出色的人员给予精神和物质上的奖励。

2.1.10　将 6S 管理活动纳入企业的日常管理活动中

6S 管理不可能一蹴而就，只有在持续推行和坚持改善中，6S 管理才能帮助企业塑造核心竞争力。因此，企业必须将 6S 管理活动纳入企业的日常管理活动中。

① 6S 管理活动标准化、制度化的不断完善。

② 实施各种改善活动，运用 PDCA（计划 Plan，执行 Do，检查 Check，措施 Action）循环的方法，不断巩固改善成果，防止走回头路。

在日常的工作中，有一个突出的问题是当员工要查找和使用以前的某些图纸、文件资料、元器件时，往往需要翻箱倒柜，东找西找，大部分时间都浪费了，工作效率很难提高。6S 管理的全面实施会使工作场地明朗化，大大减少员工寻找资料和物品的时间，提高工作效率。

把 6S 管理的理念带到自己的工作中，力求完美高质，精准细致，使工作场所逐渐形成高标准、高起点、高素质的人文环境。

通过推行实施 6S 精益管理，使企业工作环境整洁有序、让员工行为得到规范。大家认识到工作不仅要认真、细致、热情，还要不断地学习、总结、改进，提高自己的工作质量，工作人员心情舒畅，士气必将得到提高。

同时，6S 管理的实施，可以减少人员、设备、场所、时间等的浪费，从而降低生产成本。

当然，一时做好并不困难，长期坚持则要靠员工的素养。这是 6S 管理工作的目的，也是企业的工作目的。今后，企业应该以 6S 管理工作为契机，抓住机遇、发扬"齐心共管、整洁高效"的精神，不断提升管理水平，使企业在激烈的市场竞争中处于领先水平，为企业的可持续发展做出更大的贡献。

2.2　6S 管理推行的要领

2.2.1　整理的推行要领

整理是一个永无止境的过程，时时刻刻都要进行，不能只在开展活动时为了应付检查而突击整理，做做样子，活动过后又恢复原样，这样就完全失去了整理的意义。

通过整理达到重点区分的效果，需要的留下，不需要的坚决清理。可以采取以下的步骤进行整理。

① 对工作场所所辖范围全面检查，包括看得到和看不到的地方。

② 制定"要"和"不要"的判别标准。

③ 将不要的物品清除。

④ 调查要的物品的使用频率，决定日常用量。

⑤ 每日自我检查。

所谓"要"的物品是指必需品，是经常使用，如果没有它就必须购入替代品，否则影响正常工作的物品，如必要的物料、设备、作业工具等。

所谓"不要"的物品是指非必需品，可分为两种。

一种是使用周期较长的物品，比如 1 个月、3 个月甚至半年才使用一次的物品，如设备润滑油、作业工具等。

另一种是对生产无作用、需要报废的物品，比如报废的工具、水杯或过期的物料等。

"要"的物品（必需品）和"不要"的物品（非必需品）区分与处理的方法如表 2-2-1 所示。

表 2-2-1　必需品与非必需品区分与处理的方法

类别	使用频率		处理方法	备注
必需品	每小时		放在工作台上或随身携带	—
	每天		现场存放（工作台附近）	—
	每周		现场存放	—
非必需品	每月		仓库存储	定期检查
	每季度		仓库存储	定期检查
	半年		仓库存储	定期检查
非必需品	一年		仓库存储（封存）	定期检查
	两年		仓库存储（封存）	定期检查
	未定	仓库存储	仓库存储	定期检查
		不需要使用	变卖／废弃	定期检查
		不能用	变卖／废弃	定期检查

此外，要防范整理方面的"常见病"。

① 整理的一次性。很多人认为将不必要的物品清理后就完成任务了，实际上并不是这样。"工完料净厂地清"实际上就是要求每一项工作完成后都要进行整理。另外，事物是变化的，如工具在使用一段时间后不能再用就要整理。

② 责任不清（装糊涂）。这个问题经常出现在两个部门之间。

③ 看不到的地方的整理。包括死角、办公桌内、工具箱中、文件柜中、更衣箱中、计算机硬盘中的作废或过期文件。

④ 必要和不必要的判别标准在执行过程中的误区。

2.2.2　整顿的推行要领

在整顿的推行过程中，遵循一定的步骤很重要。整体来说，以下6步是缺一不可的，如图 2-2-1 所示。

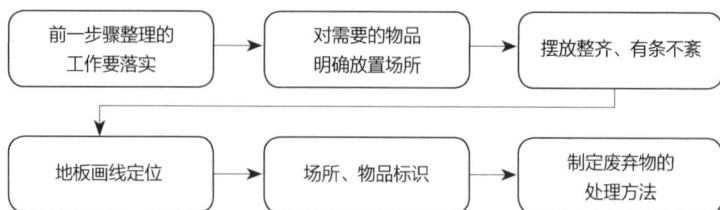

图 2-2-1　整顿的推行步骤

在整顿推行的过程中，除了执行以上的步骤外，还有两个重要的原则要遵循。

原则一："三定"原则。

所谓的"三定"原则，即采用定位、定容、定量的办法，如图 2-2-2 所示。

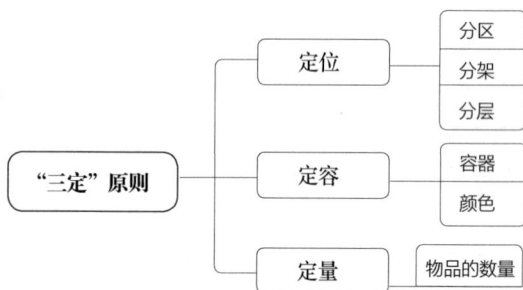

图 2-2-2　"三定"原则

（1）定位。即材料及成品分区、分架、分层来定位。

（2）定容。即确定容器和颜色。各种物品、材料的规格不一，要用不同的容器来装载，如工装架。采用统一规定的颜色进行区分、画线、标识很重要，否则会造成混乱。

（3）定量。即明确在每一定置区存放物品的数量是否合适。很多人认为有定置区和定置线就行了，这是不对的。原则是在能满足需求和考虑经济成本的前提下数量越少越好。

原则二："三大要素"。

（1）放置场所。即物品的放置场所要百分之百符合"三定"的要求，生产线附近只能放真正需要的物品。

（2）放置方法。易取，不超出所规定的范围。

（3）标识方法。放置场所和物品原则上应一对一标识，采用区域标识和状态标识。

此外，还要特别留意物品放置的注意点和物品标识的注意点，如表2-2-2所示。

表2-2-2 物品放置的注意点和物品标识的注意点

注意事项	注意点
物品放置的注意点	物品按功能或种类区分放置
	可采用架式、箱式、悬式等方式放置物品
	尽量立体放置，充分利用空间
	应便于物品的取放
	在规定区域放置
	库房内物品的堆放高度应有限制，一般不超过1.2米
	容易损坏的物品要分隔或加垫保管，防止碰撞
	做好防潮、防尘、防锈工作
物品标识的注意点	采用不同颜色的油漆、胶带来划分区域
	在放置场所标明所摆放的物品
	在摆放的物品上进行标识
	根据工作需要灵活采用各种标识方法
	标签上要加以标明，使人一目了然
	某些物品要注明储存/搬运的注意事项和保养的时间/方法
	暂放物品应挂暂放牌，指明管理责任者、时间跨度
	对物品全部标识

理解了以上要领后，当然要在实际的场景中去具体实施。整顿实施的常见场景有这样几个：工装器具、库房、办公室、清扫间、产品间等。

（1）工装器具等频繁使用的物品（架子车、L架、叉车等）的整顿。应遵循使用前能"马上取得"、使用后能"立刻归位"的原则。

①考虑能否将工装器具放置在离作业场所最近的地方，避免使用和归还时产生过多的步行与弯腰动作。

②在取用和归还之间，要特别重视归还。

③要使工装器具准确地归还原位。

（2）库房的整顿。一般以"三定"的办法进行整顿，如表2-2-3所示。

表2-2-3 以"三定"的办法整顿库房

三定法	具体实施内容
定位	成品和材料以分区、分架、分层来区分
	设置仓库总看板，使相关人员对现场的情况能一目了然
	搬运工具的定位，以便减少寻找的时间
	严守仓库的门禁和开放时间
定量	使用相同标准的量具来取量
	相同的物品，在包装方式和数量上要一致
	设定最高限量基准
定容	各种材料不一，要用不同的容器来装载

（3）办公室的整顿。要从4个方面展开，分别是工作区域、资料档案、资料柜、会议室和教室，具体内容如表2-2-4所示。

表2-2-4　办公室的整顿

领域	具体实施内容
工作区域	在门口处标识部门
	办公室设备设施(电话、水壶、电扇等)定位
	桌子玻璃板下的物品统一摆放，保持整洁
	保持水池的卫生
	办公桌内的物品分门别类地存放，按一定的规则放置，以便寻找
	长时间离位及下班后，桌上的物品和椅子要归位，在逐一确认后才离开
资料档案	整理所有的文件资料，并进行分类
	在文件内页贴上色纸，以便检索
资料柜	斜线定位表示
会议室和教室	所用物品如椅子、烟灰缸、水杯等要定位
	设定责任人，定期检查

（4）清扫用具的整顿。要从放置场所和放置方法这两个方面展开，具体内容如表2-2-5所示。

表2-2-5　清扫用具的整顿

项目	具体实施内容
放置场所	清扫用具一般较脏，勿置于明显处
	清扫用具绝对不能放于配电房或主要出入口处
放置方法	悬挂式
	地面定位

（5）产品的整顿要从以下4个方面展开。

①严格规定产品的存放数量和存放位置，并有清晰的标识。

②产品要堆放整齐，先进先出。

③ 合理地搬运。

④ 不合格品放置处应有标识，不能随意堆放，防止误用，如对不合格玻璃设置标识卡。

以上是整顿方面常见的一些场景，不过在这些场景的实施过程中，也有一些"常见病"，企业需要特别注意。

（1）"三定"思路不连贯。部门领导在整顿时一定要有整体布局思路，在一个场所放什么物品，一定要想周全，避免出现定置区的物品与定置位置不符的问题。

（2）员工随手性强，归位意识差。如使用清洁工具、清洁剂后，随意放置，不及时归位。

（3）规范性差。在定置区内，不仅要牌物相符，而且要摆放规范。

（4）不要超出定置线。如成品、半成品、木箱等。

（5）临时存放物品。一是要注意临时性，有些物品的临时存放时间太长，已不属于临时存放物品；二是除主要物品外，基本不挂牌。

（6）定置牌的管理。一是定置牌脏，经常不清扫（定置牌也应清扫）；二是状态不符；三是时间长了没有牌或牌掉到地上；四是设计上能够改动；五是定置牌上临时打的字时间长了不清楚。

2.2.3　清扫的推行要领

清扫就是使工作现场成为没有垃圾、没有脏污的环境，虽然已经整理、整顿过，需要的东西马上就能取得，但是被取出的东西要保持能被正常使用的状态才行。而达到这样的状态就是清扫的第一目的，尤其现在强调高品质、高附加值产品的制造，更不容许因为有垃圾或灰尘的污染，造成产品的质量低劣。

清扫的重点就是要保持工作场所干净、整洁，并防止污染的产生，可以采取以下措施。

① 建立清扫责任区（室内外）。

② 进行一次大清扫，将每个地方都清扫干净。

③ 调查污染源，予以杜绝或隔离。

即使没有推行过 6S 管理的企业，在现场管理中也都会进行一般意义上的"清扫"工作，如图 2-2-3 所示。

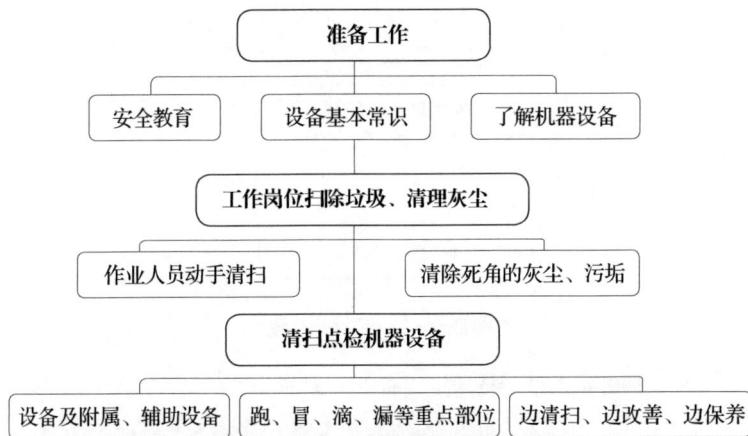

```
                      准备工作
        ┌──────────────┼──────────────┐
     安全教育      设备基本常识      了解机器设备

              工作岗位扫除垃圾、清理灰尘
        ┌───────────────┴───────────────┐
   作业人员动手清扫              清除死角的灰尘、污垢

                  清扫点检机器设备
     ┌───────────────┼───────────────┐
设备及附属、辅助设备   跑、冒、滴、漏等重点部位   边清扫、边改善、边保养
```

图 2-2-3 一般"清扫"步骤

即使是在一般"清扫"层面，很多企业仍然无法做到极致。尤其是在一些企业中，"清扫"大多由专门的清扫人员负责，作业人员甚至不用自己动手，而清扫人员也无法真正发现现场存在的问题。

因此，企业在推行 6S 清扫工作时，首先要完成一般的"清扫"工作，由作业人员亲自动手清扫。在这个基础上，企业才能借助 6S 清扫，发现问题并及时排除，维护设备并提高设备的性能，减少工业伤害。具体步骤如图 2-2-4 所示。

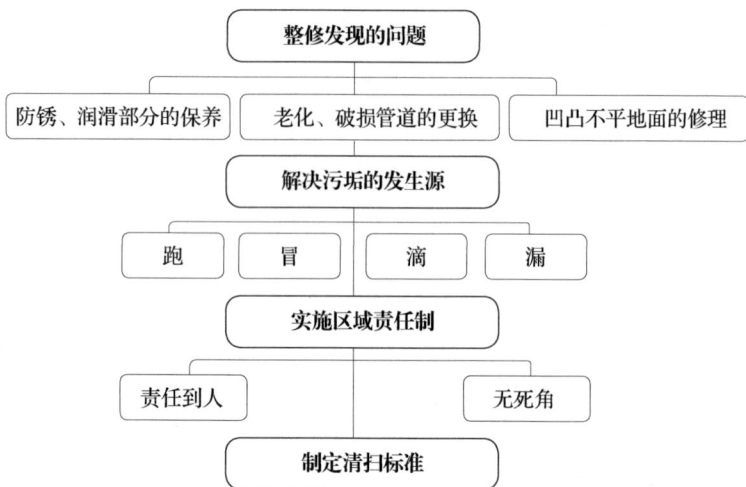

图 2-2-4　6S 清扫步骤

6S 清扫的基本推行技巧主要有以下 4 种。

① 6S 区域图示化。通过绘制 6S 区域图，规范清扫管理工作。

② 清扫责任一览化。通过标签等形式，明确并标识清扫责任。

③ 管理看板展示。建立清扫看板，展示清扫情况。

④ 清扫计划的实施。制定完善的清扫计划，并妥善实施。

与此同时，推行 6S 清扫要注意以下方面。

① 领导以身作则。成功的关键在于领导，如果领导能够坚持这样做，员工就会认真对待这件事。很多公司的 6S 推行得不好，就是因为具体执行只靠行政命令去维持，缺少领导的以身作则。

② 人人参与。公司的所有部门、所有人员都要一起执行这项工作。

③ 最好能明确每个人的责任区，分配区域时必须清楚地划清界限。

④ 自己清扫，不依赖清洁工。

⑤ 一边清扫，一边改善设备的状况。把设备的清扫与设备的点

检、保养、润滑结合起来。

⑥寻找并隔离污染源。

2.2.4 清洁的推行要领

清洁就是将上述 3S 制度化、规范化，从而维持 3S 管理的实施效果，通过持续提升达到更好的效果。

因此，6S 清洁的要求也可以与 3S 相对应，简单地描述为以下 3 点。

①不要放置不用的东西。

②不要弄乱物品。

③不要弄脏环境。

通过维护现场的整洁、美观，每一位员工都能在令人心旷神怡的工作场所中工作，进而提升工作效率。

推行 6S 清洁，主要需要做到以下 6 点。

①落实前 3S 工作。

②制定目视管理及看板管理的标准。

③制定 6S 实施办法。

④制定检查方法。

⑤制定奖惩制度，加大执行力度。

⑥高层主管经常带头巡查，带动全员重视 6S 清洁活动。

在掌握清洁的推行要领之后，企业就能制定 6S 清洁的推行步骤，如图 2-2-5 所示。

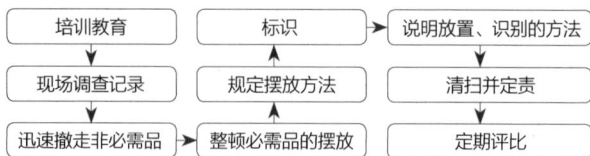

图2-2-5　6S清洁的推行步骤

关于 6S 清洁的培训教育工作，推行的组织应当给予重视，并建立学习班等培训制度。这项工作并不复杂，但推行的组织切忌因为简单而忽略。

在 6S 管理实践中，虽然工作简单，但由于不同人的理解不同，最终也会得到不同的结果，从而无法达到预期效果。人的思维是多变的，统一了思想才能朝共同的目标前进，因此组织培训是非常必要的。

此外，推行 6S 清洁还需注意以下 7 个方面。

① 每月制定推行计划，按推行计划执行，保持成果，突破重点。

② 制定目视化管理标准，规范标识、颜色的标准。

③ 制定检查制度，建立 PDCA 推进规范。

④ 持续不断地进行培训和学习，提升对 6S 管理的认识。

⑤ 组织交流活动，通过与其他部门的比较，激发员工参与改善的积极性。

⑥ 不断地对 6S 管理标准和制度进行优化，使操作更便利、效果更明显。

⑦ 不断提升 6S 管理标准，鼓励员工提出建议并进行改善。

2.2.5　素养的推行要领

整理、整顿、清扫、清洁的对象是"场地"和"物品"，素养的对象则是"人"。而"人"是企业最重要的资源，所以在企业经营中，人的问题如果处理得好，则人心稳定，企业也就发展得更好。

素养就是教大家养成遵守规定的习惯。6S的是以5S（整理、整顿、清扫、清洁和安全）为手段完成基本工作，并养成良好习惯，最终达到全员"品质"的提升。

正所谓"有人丢垃圾、无人捡垃圾的工厂是三流的工厂；有人丢垃圾、有人捡垃圾的工厂是二流的工厂；无人丢垃圾、有人捡垃圾的工厂是一流的工厂"。只有当每位员工养成良好的习惯，并遵守规则做事，在工作中形成积极主动的工作态度，6S管理才能在全员参与中有效推行。

如果我们用一句话来概括素养的特点，那就是：让好行为形成习惯，自然而然地形成员工的素养。

企业推行6S素养，就要通过各项细节帮助员工养成习惯。

① 制定服装、胸牌、工作帽等的识别标准。

② 制定有关规则、规定。

③ 制定礼仪守则。

④ 推行各种激励活动；教育员工遵守规章制度。

上述内容看似只关乎细节，但正是在这些细节中，员工才能逐渐养成良好的习惯。在日常的6S管理工作中，企业应当专门、定期举办关于6S管理的培训活动，并发挥领导的带头作用，以达到提高员工素养的目的。

企业员工刚入职时就像一张白纸，从入职开始，他们接触的一切事物，都会引导他们养成相应的工作习惯。如果一个企业到处都杂乱无章，那员工也会在工作中变得随意，真正的人才也会迅速离开这样的企业。

要打造一个极具市场竞争力的企业，离不开任何一个人的努力。只有从上到下的每一位员工严格遵守规定，才能确保每一位员工养成良好的行为习惯。而这些都离不开在各种细节上的坚持努力。

无论是整理、整顿、清扫还是清洁，企业都应始终坚持、不断提升，在潜移默化中帮助员工养成良好的习惯。

具体而言，6S 素养的细节可以包括以下方面。

① 员工应严格遵守作息时间，按时出勤。

② 工作应保持良好的状态，如不可随意谈天说地、离开工作岗位、呆坐、看小说、打瞌睡、吃零食等。

③ 服装整齐，戴好识别卡。

④ 待人接物诚恳有礼貌。

⑤ 爱护公物，用完归位。

⑥ 不可乱扔果皮纸屑。

⑦ 乐于助人。

…………

如果企业的每一位员工都能养成很好的习惯，遵守约定、相互协作，那 6S 管理的推行就会水到渠成，企业也将形成强大的核心竞争力。

2.2.6 安全的推行要领

安全第一，预防为主！安全的推行要领，就在于防止事故发生，通过全员安全教育和安全排查，确保企业能够防患于未然。

任何一次安全事故的发生，都会给企业造成巨大的损失。因此，企业要始终坚持发现、排查并解决现场的安全隐患，建立健全安全管理体系，真正为员工打造安全的生产环境，并调动全员参与其中。

防止安全事故发生，主要在于以下两点：消除不安全的行为和不安全的状态。

（1）不安全的行为

主要指员工工作中可能造成安全事故的行为。

① 无视安全规则的违章行为和作业行为。

② 穿着不规范的服装。

③ 用不规范的姿势动作，不确认有无障碍就进行作业。

④ 对物品进行粗暴处理，使用违章方法进行搬运。

⑤ 不按照作业标准进行作业。

⑥ 在工作中注意力不集中、嬉戏等。

（2）不安全的状态

主要指工作现场中可能存在的安全隐患。

① 整理整顿不规范。

② 清洁工具、器具等不安全。

③ 缺少必要的安全装置或安全装置损坏。

④ 照明不良，没有栏杆或扶手。

⑤ 在作业过程中与有害物品接触时没有采取防护措施。

在对待安全问题时，企业要始终明确一点：事后控制不如事中控制，事中控制不如事前控制。

很多企业直到安全事故发生后，才寻求弥补措施。但此时，安全事故已经给企业造成重大损失，再完善的事后控制也只能控制损失，而不能挽回损失。

为此，企业应要求员工在现场作业中必须注意以下这些内容。

① 操作前思考 30 秒。

② 按操作规范进行作业。

③ 按要求穿戴好劳保用品。

④ 作业前确认工作环境。

⑤ 遇到警示标识要按提示行事。

⑥ 了解生产现场所有的危险源。

⑦ 了解生产现场的逃生通道及消防用品的位置。

⑧ 应爱护公共物品。

⑨ 员工应遵守公司的保密制度，确保公司各种资料的安全。

在各行各业的现场管理中，其安全防范措施各有不同。无论如何，企业要认识到安全文明生产是企业现场管理的基本要求。企业必须始终坚持事前控制、预防为主，并建立健全安全文明生产保证体系，对劳动纪律、工艺纪律、环境清洁等问题制定明确的规范。

2.2.7　将 6S 管理进行到底

开始推行 6S 管理时，几乎每家企业都饱含热情，期待 6S 管理能够为企业带来巨大改变，提高企业的竞争力。

然而，在推行一段时间之后，很多企业往往会发现：现场只是变得更加整洁而已，而无更多的实质效果；推行方式也只有定时清扫，而无其他落地措施。

于是，领导的推行热情与员工的参与热情都由此消退，大家会认为 6S 管理既无实操性，也无实用性。在短短半年或一年之后，6S 管理就从企业现场管理中淡出，成为一场无疾而终的管理运动。

事实上，正是这种"运动式"的推行方式，使 6S 管理无法取得效果。6S 管理必须融入日常工作之中，才能持续提升企业的现场管理水平，直至达到一个全新的高度。

在推行 6S 管理时，企业必须秉持"将 6S 进行到底"的精神。6S 活动一旦开始，就不可在中途放弃。

如果不能贯彻到底，企业不仅无法获得 6S 管理的效用，反而会形成另外一个污点，而这个污点也会造成工厂内笼罩着保守而僵化的气氛："我们公司做什么事都是半途而废""反正不会成功""应付应付算了"。届时，企业唯有花费更长的时间才能够打破这种保守、僵化的气氛。

推行 6S 管理，切忌将 6S 管理与日常工作进行分割。企业必须要实现的效果是：只要员工还在企业工作，就要持续参与 6S 管理活动；只要企业还在经营，就要将 6S 管理推行到底。

2.3　6S 管理推行的原则

2.3.1　自我管理的原则

要想创造良好的工作环境，仅靠添加设备或领导重视是不可能实现的。只有每位现场人员的参与，才能创造并维护一个良好的工作环境。在一个整齐、清洁、方便、安全的工作环境中，员工工作时能够更加舒服，也能创造更大的价值。

这就需要在 6S 管理中坚持自我管理的原则，即 6S 管理的推行并不依靠领导的督促，而是要每位员工都主动转变观念、提高素养、约束行为，认真负责地对待工作。

自我管理就是明确"自己的事自己做"，企业里的每位成员都应该承担起各自的责任，完成各自岗位的 6S 管理工作。

一般而言，可以从员工、管理者和领导者 3 个角度来看待各自的责任。

（1）员工在 6S 管理中的责任

在 6S 管理的推行中，员工的自我管理内容主要包括以下方面。

① 不断地整理、整顿自己的工作环境。

② 及时处理废弃的物品，不可使其占用作业区域。

③ 维持通道的畅通和整洁。

④ 在规定位置放置工具、物品。

⑤ 灭火器、配电盘、开关箱、电动机、冷气机等设备的周围要时刻保持清洁。

⑥ 物品、设备要仔细地放、正确地放、安全地放，较大较重的堆在下层。

⑦ 保持自己所负责区域的整洁。

⑧ 纸屑、布屑、材料屑等要集中放于规定场所。

⑨ 不断清扫，保持清洁。

⑩ 积极配合上级主管的安排。

（2）管理者在 6S 管理中的责任

在 6S 管理的推行中，管理者的自我管理内容主要包括以下方面。

① 配合公司政策，全力支持与推行 6S 管理。

② 多方面学习 6S 管理的知识和技巧。

③ 研读 6S 管理活动的相关书籍，广泛搜集资料。

④ 积极负责本部门 6S 管理活动的宣传、教育、培训。

⑤ 对部门内的工作区域进行划分。

⑥ 把公司 6S 管理活动的计划，分解细化为部门的活动计划。

⑦ 帮助解决活动中的困难点。

⑧ 担当本部门 6S 管理活动委员及评分委员。

⑨ 分析和改善 6S 管理活动中的问题点。

⑩ 督促清扫点检工作。

⑪ 检查员工的服装仪容、行为规范。

⑫ 上班后进行点名与服装仪容检查，下班前进行安全巡查。

（3）领导者在 6S 管理中的责任

在 6S 管理的推行中，领导者的自我管理内容主要包括以下方面。

① 确认 6S 管理活动是企业管理的基础。

② 参加与 6S 管理活动有关的教育、训练和观摩。

③ 以身作则，展示企业推行 6S 管理的决心。

④ 担任企业 6S 管理推行组织的领导者。

⑤ 担任 6S 管理活动各项会议的主席。

⑥ 仲裁有关 6S 管理活动的问题点。

⑦ 掌握 6S 管理活动的各项进度与实施成效。

⑧ 定期实施关于 6S 管理活动的上级诊断或评价工作。

⑨ 亲自主持各项奖惩活动，并向全员发表讲话。

6S 管理的有效推行，离不开企业所有成员的主动参与和积极维护，离不开企业全体成员的自我管理。因此，企业的每位成员都应当明确各自的责任，并妥善履行。

2.3.2　勤俭节约的原则

在 6S 整理的过程中，通常会清理出许多"不要的"东西，但这些"不要的"物品其实只是非必需品，而非无用品。有些物品或许当下非必需，但在以后还有用。

对此，整理人员不应单纯地"一扔了事"，而是要秉持勤俭节约的原则，把以后有用或其他现场有用的物品放入仓库存储。即使是真的无用品，也应基于废物利用的原则，将其变废为宝或进行变卖。

具体处理方法如图 2-3-1 所示。

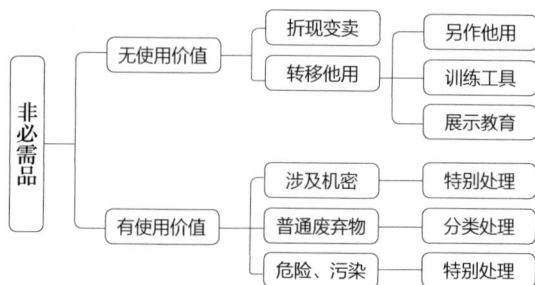

图 2-3-1 非必需品的处理方法

6S 管理的一个核心就是"节约和高效"。因此，在整理、整顿的过程中，企业也应遵循勤俭节约的原则。

尤其是在处理物料的过程中，员工更应充分结合其他部门的实际情况和本部门的长远发展目标进行考虑，对非必需品进行妥善处理，争取能够变废为宝；但切忌因废弃品造成新的浪费，比如未经特别处理的危险物品或机密物品等。

因此，企业应当专门制定废弃物的管理办法，为废弃物的辨别和处理制定相应的规范，从而让 6S 管理更加高效和科学。此时，企业也可制作清单，用于审批和检查，如表 2-3-1、表 2-3-2 所示。

表 2-3-1 非必需品处理清单

序号	非必需品名称	规格	数量	参考价格	存放地	判定	处置

表2-3-2　不要物处理申报清单

序号	物品名称	型号规格	数量	不用的原因	部门处理意见	总经理处理意见	备注
申报人：		申报部门主管审查：			总经理核准：		

2.3.3　持之以恒的原则

6S管理的推行其实并不复杂，很多企业甚至可以在短时间内就取得明显效果。但这并不意味着6S管理可以简单推行，或在取得效果后就终止执行。

6S管理是一个持续推行、不断改善的管理活动，企业必须遵循持之以恒的原则，长期坚持6S管理，如图2-3-2所示。

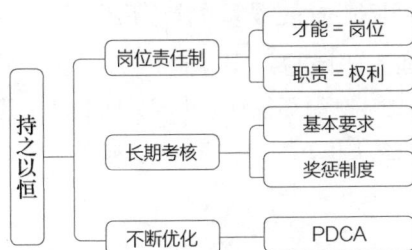

图2-3-2　持之以恒的原则

1.纳入岗位责任制

6S管理的持续推行，必须落实到每一个部门、每一位员工，这就需要企业将6S管理纳入岗位责任制，使员工明确自身的岗位责任和工作标准。

在实施岗位责任制的过程中，企业还应注意以下内容。

（1）才能与岗位相统一。根据员工的才能与特长，为其分配相应的岗位，注意扬长避短、人尽其才，从而提高 6S 管理水平。

（2）职责与权利相统一。每个岗位都涉及职位、责任、权力、利益 4 个基本要素，只有确保要素的统一，才能有效推动员工参与 6S 管理。

2. 坚持长期考核

6S 管理同样应当纳入企业的考核制度，企业应通过有效的考核评比，激励员工参与 6S 管理，从而提升 6S 管理水平。

（1）确定基本要求。在 6S 管理考核中，企业必须确定基本要求，该要求应当是大部分员工能够完成的，以避免对员工的工作造成过重负担。

（2）设立奖惩制度。为了有效激励员工提升 6S 管理水平，避免出现不符合基本要求的情况，企业需要设立相应的奖惩制度。

3. 不断优化管理

在推行 6S 管理时，企业也必须认识到，现场管理水平并不会直线提升，反而可能出现波动甚至下降的情况。但无论实践效果如何，企业都应该根据实践反馈进行总结和改善，不断优化 6S 管理。

优化 6S 管理的一个重要工具就是 PDCA 循环，该工具包含持续改进与不断学习的 4 个循环往复的步骤，即 Plan（计划）、Do（执行）、Check（检查）和 Action（措施），如图 2-3-3 所示。

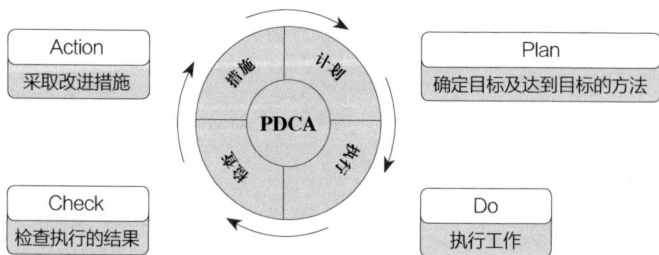

图 2-3-3　PDCA 循环

PDCA循环并非一次性的管理活动，而是一个周而复始的过程，需要不断发现问题、解决问题。也正是在这样循环往复的过程中，企业才能够不断优化、持续改进，最终实现阶梯式的上升。

PDCA循环的主要步骤和方法，如表2-3-3所示。

表2-3-3　PDCA循环的主要步骤和方法

阶段	步骤	主要方法
P	自我分析、发现问题	排列图、直方图、控制图
	诊断问题的成因	因果图
	分析主要因素	排列图、相关图
	针对主要因素、制定措施和计划	"5W1H"，即对象（What）、场所（Where）、时间（When）、人员（Who）、原因（Why）、方法（How）
D	执行、实施计划	—
C	检查计划执行的效果	排列图、直方图、控制图
A	总结经验、制定标准	制定或修改规程、制度
	针对未解决或新出现的问题，进入下一个PDCA循环	—

需要注意的是，在制定具体措施和计划时，企业必须明确"5W1H"问题，具体如下。

① 为什么要制定该措施（Why）？

② 要达到什么目标（What）？

③ 在何处执行（Where）？

④ 由谁负责完成（Who）？

⑤ 什么时间完成（When）？

⑥ 如何完成（How）？

在明确上述问题后，PDCA就能按照"4阶段、8步骤"的方式进入创新循环，如图 2-3-4 所示。

创新过程活动流程图

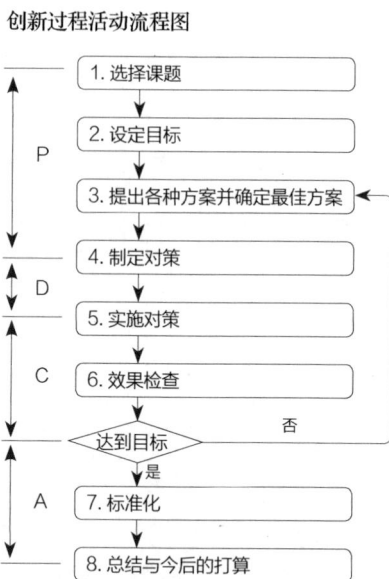

图 2-3-4 PDCA 创新循环

在 PDCA 的创新循环中，企业也要注意对统计分析工具的合理运用，如关联图、甘特图、正交试验设计法等。只有基于科学的统计与分析，企业才能在 PDCA 循环中有的放矢。

第三章

6S 管理推行的技巧及激励原则

　　6S 管理的推行无法一蹴而就，甚至没有终点。只有在持之以恒的创新改善中，企业才能不断提升精益管理能力。任何企业想要做到这一点，都绝非易事，只有结合 6S 管理推行的技巧及激励原则，才能从管理制度及激励制度这两个层面推动 6S 管理的持续发展。本章将从 6S 管理的 3 个主要场景出发，为大家介绍 6S 管理推行的技巧及 6S 管理的激励原则。

3.1 主要场景下的现场 6S 管理口诀

3.1.1 作业现场

作业现场是 6S 管理的核心区域，企业通过对现场进行科学合理的整理、整顿及定置管理，使现场人流、物流、信息流畅通，为企业员工创造一个安全、文明、整洁、高效、温馨、明亮的工作环境，激发员工的士气，培养员工的高度责任感，提高工作效率和质量，从而确保产品质量的可靠性。

作业现场的 6S 管理口诀：合理规划、优化布局、减少搬运、改善物流。

在推行过程中，为了便于企业成员明确作业现场的 6S 管理内容，并进行快速自检，企业可引入"作业现场 5 分钟／10 分钟 6S 活动内容及自检表"，其内容如表 3-1-1 所示。

表 3-1-1 作业现场 5 分钟／10 分钟 6S 活动内容及自检表

	活动内容	自检
5 分钟 6S 活动	1. 检查着装情况和清洁度	
	2. 检查是否有物品掉在地上，将掉在地上的物品都捡起来，如零件、产品、废料等	
	3. 用抹布将仪表、设备、机器的主要部位及其他重要的地方擦干净	
	4. 将溅落或渗漏的水、油或其他脏污擦干净	
	5. 重新放置那些放错位置的物品	
	6. 将标识牌、标签等擦干净，保持字迹清晰	
	7. 确保所有工具都放在应该放置的地方	
	8. 处理所有的非必需品	

	活动内容	自检
10分钟 6S活动	1. 实施上述5分钟6S活动的所有内容	
	2. 用抹布将关键的部件及机器上的其他位置擦干净	
	3. 固定可能脱落的标签	
	4. 清洁地面	
	5. 扔掉废料箱内的废料	
	6. 对个人工具柜进行整理或对文件资料、记录进行整理	

具体而言,作业现场的6S管理内容如下。

①现场摆放的物品(如原物料、成品、半成品、余料、垃圾等)是否定时清理,区分要与不要的物品。

②物料架、工具架等是否正确使用与清理。

③桌面及抽屉是否定时清理。

④材料或废料、余料等是否定置管理。

⑤计量器具、工具等是否正确使用、摆放整齐。

⑥机器上是否摆放了不必要的物品、工具。

⑦非立即需要或过期(如3天以上)的资料、物品是否入柜管理或废弃。

⑧茶杯、私人用品及衣物等是否定位放置。

⑨资料、保养卡、点检表是否定期记录并定位放置。

⑩手推车、叉车、各类物料车等是否定位放置。

⑪塑料桶、铁箱、纸箱等搬运箱、桶是否定位放置。

⑫润滑油、切削油、清洁剂等用品是否定位放置及标识。

⑬作业场所是否予以划分并标注场所的名称。

⑭ 消耗品（如抹布、手套、扫把等）是否定位放置、定量管理。

⑮ 加工中的材料、待检材料、成品、半成品等是否堆放整齐。

⑯ 通道、走道是否畅通，通道内是否摆放物品。

⑰ 所有的生产工具、夹具、零件等是否定位放置。

⑱ 划定位置是否摆放了不合格品、破损品及使用频率低的物品。

⑲ 是否将沾有油的抹布等易燃物品定位放置并尽可能隔离。

⑳ 目前或短期生产不用的物品，收拾后定位放置。

㉑ 个人离开工作岗位时，物品是否整齐放置。

㉒ 动力供给系统是否加设防护装置和警告牌。

㉓ 下班前是否打扫场地、收拾物品。

㉔ 是否扫除垃圾、纸屑、矿泉水瓶、塑胶袋、破布。

㉕ 是否清理擦拭机器设备、工作台、门、窗。

㉖ 废料、余料、呆料等是否随时清理。

㉗ 是否清除地上、作业区的油污。

㉘ 垃圾箱（桶）内外是否清扫干净。

㉙ 蜘蛛网是否清扫干净。

㉚ 工作环境是否随时保持整洁干净。

㉛ 长期不用（如一个月以上）的物品、材料、设备等是否加盖防尘。

㉜ 地上、门窗、墙壁是否干净整洁。

㉝ 墙壁油漆剥落或地上画线的油漆剥落是否修补。

㉞ 是否遵守作息时间（不迟到、不早退、不无故缺席）。

㉟ 工作态度是否良好（有无聊天、说笑、离开工作岗位、呆坐、

看小说、打瞌睡、吃东西等情况）。

㊱ 服装穿戴是否整齐，不穿拖鞋。

㊲ 干部是否能督导部属，部属是否能自发工作。

㊳ 使用公物后，是否能归位并保持干净整洁（如洗手间等）。

㊴ 停工前是否进行打扫和整理。

㊵ 是否遵照工厂的规定做事，不违背厂规。

3.1.2 办公室

很多企业将 6S 管理局限于作业现场，而将办公室从 6S 管理中剥离出来。但事实上，办公室并非属于各位办公人员的私人场所，其同样属于企业创造价值的重要场所。

在办公室场所的 6S 管理中，有一个重要原则就是"独视为共"，即"独用"（个人使用）被视为"共用"，进而纳入 6S 管理。在推行 6S 管理的过程中，有些员工认为有些资料只有自己一个人使用，所以没必要整理。

实际上，请假、出差等特殊事件都可能导致工作移交的情况。因此，共用部分的资料应当整理到科室的资料架上，个人的资料既可以整理到科室的资料架，也可以整理到个人的资料架，但必须公开并按照要求进行标识。

6S 管理的推行，同样需要关注办公室场景。办公室的 6S 管理口诀为：共独区分、公私区分、框架管理、资料归位、桌面抽屉、定置标识。

推行办公的 6S 管理时，企业同样可以引入"办公室 5 分钟 /10 分钟 6S 活动内容及自检表"，并按实际情况进行调整，如表 3-1-2 所示。

表 3-1-2　办公室 5 分钟／10 分钟 6S 活动内容及自检表

	活动内容	自检
5 分钟 6S 活动	1. 检查着装情况和清洁度	
	2. 检查是否有物品掉在地上，将掉在地上的物品捡起来，如回形针、文件等	
	3. 整理并彻底清洁桌面	
	4. 检查存放文件的位置，将文件放回应该放置的地方	
	5. 扔掉不需要的物品，包括抽屉内的私人物品	
	6. 检查档案柜、书架等，将放置不恰当的物品改正过来	
10 分钟 6S 活动	1. 实施上述 5 分钟 6S 活动的所有内容	
	2. 用抹布将计算机、传真机及其他办公设备擦干净	
	3. 固定可能脱落的标签	
	4. 清洁地面	
	5. 扔掉垃圾篓内的垃圾	
	6. 检查电源开关、门窗、空调等是否已关上	

具体来讲，办公室的 6S 管理内容如下。

① 是否将不要的东西（如抽屉、柜、架、书籍、文件、档案、图表、文具用品、墙上的标语、海报、看板等）丢弃。

② 地面、桌子是否显得凌乱。

③ 垃圾桶是否装得太满。

④ 办公设备是否有污浊和灰尘。

⑤ 桌子、文件柜、通道是否画线隔开。

⑥ 下班时桌面是否整理干净。

⑦ 有无归档规则。

⑧ 是否按归档规则加以归类。

⑨ 文件等有无实施定位化管理（颜色、标记）。

⑩ 需要的文件是否容易取出、归位，文件柜是否明确管理责任人。

⑪ 办公室墙角有无蜘蛛网。

⑫ 桌面、柜子上有无灰尘。

⑬ 公告栏有无过期的公告。

⑭ 饮水机是否干净。

⑮ 管路配线是否杂乱，电话线、电源线的固定是否得当。

⑯ 抽屉内是否杂乱。

⑰ 下班时垃圾是否清理。

⑱ 私人物品是否整齐地放置于一处。

⑲ 报架上的报纸是否整齐摆放。

⑳ 员工是否遵照规定着装。

㉑ 下班后设备电源是否关好。

㉒ 办公设备是否保持正常状态。

㉓ 盆栽有无枯死或干黄。

㉔ 有无人员去向登记看板。

㉕ 有无文件传阅的规则。

㉖ 当事人不在，接到电话时是否以"留话备忘"来联络。

㉗ 会议室的物品是否定位放置。

㉘ 工作态度是否良好（有无聊天、说笑、看小说、打瞌睡、吃东西等情况）。

㉙ 接待宾客的礼仪是否得当。

3.1.3　电子档案

在信息化不断发展的今天，电子化办公成为常态。因此，6S 管理也需要与时俱进，关注电子档案的应用场景。电子档案的 6S 管理涉及资料存档、整理及邮箱清理、回复等多项内容。

电子档案的 6S 管理口诀：及时存档、明确命名、存档正确、版本区分、邮箱清理、收文回复。

档案管理工作，是用科学的原则和方法管理档案、提供档案，使其为企业服务的一项工作，涵盖档案的收集、整理、保管、统计、检索和利用等方面的内容。

档案管理工作的特点如下。

① 档案资源的缓慢性。

② 管理过程的阶段性。

③ 对档案形成者的依附性。

④ 对社会的封闭性。

基于上述特点，档案管理的效率和作用极大地受到企业档案管理能力的限制。

在信息化时代，电子档案逐渐普及，提升了档案管理的便利性，但也更容易造成档案冗杂、数据孤岛和信息泄露等问题。

例如，某部门辛苦整理制作的档案只被封存在自己的数据库中，其他部门想要使用相关档案时，却完全不知道该部门已经有完整存档，反而需要重新制作。

因此，在 6S 管理的推行过程中，企业也不能忽视电子档案的 6S 管理工作，应当将之融入档案管理中，提升档案管理工作的效率和档案价值，同时规避信息泄露等安全问题。

3.2 6S 活动推行的技巧

3.2.1 定点摄影

定点摄影主要是企业通过对现场情况的前后对照和不同部门的横向比较，给各部门形成无形的压力，促使各部门进行整改。仅仅将定点摄影简单地理解为拍照是错误的，这表明推行者并没有掌握定点摄影的精髓。

所谓定点摄影法是指将工厂的死角、不安全之处、不符合 6S 原则之处用相机拍摄下来，并在大家都看得到的地方公布展示，激起大家改善的意愿，并将改善的结果在同一地点、同一角度再次拍摄并公布展示，使大家了解改善的结果。

在实施 6S 管理前，第一件事是给工作场所拍照。在 6S 管理活动全面展开时，用这些照片来做比较。仔细标明每张照片的拍摄地点，以便进行改善前后的对比。照片都要标注上日期；要拍彩色照片，这样对实施颜色管理有用。

例如，某卷烟厂在推行 6S 管理时，采取试点推行的办法。卷烟厂通过定点摄影，把每个部门最脏、最乱、最差的地方找出来。随着工作的开展，样板区现场发生了显著变化，干净、整洁的样板区呈现在员工面前，使员工对这一新事物逐渐产生认同感。

为了推行 6S 管理，该卷烟厂采取了各项积极措施。厂部 6S 管理推行委员会制定出 "要与不要" 的判断标准、油漆使用教程、画线方法、物品定位及标识准则、废弃物处理方法等规则，采用定点摄影的方法来对比实施 6S 管理前后的状况，对问题加以改进。

厂领导亲临一线指导 6S 管理，物品摆放井然有序，事事有人负责，员工能够以高度的热情投入到生产中。通过推行 6S 管理，该卷烟厂的生产现场管理水平得到了极大的提高，对其他各项工作的开展产生了积极的促进作用。

在定点摄影方法的运用过程中，每个车间、每个部门只需贴出一些有代表性的照片，并在照片上详细标明以下信息：车间主任、现场的责任人、违反了 6S 管理的什么规定。这样，就能将问题揭露得清清楚楚，这时存在问题的部门的整改压力是相当大的。

改善前拍的现场照片促使各个部门为了维护本部门的形象与利益而采取解决措施，而改善后拍的现场照片能让各部门的员工获得成就感与满足感，从而形成进一步改善的动力。

定点摄影充分利用了各部门和员工的竞争心理和"面子"心理，能够有效地改善生产现场的脏、乱、差等不良状况，从而降低产品的不合格率与错误发生的概率，保证现场的工作效率与现场安全。

1. 定点摄影的作用

定点摄影是 6S 管理推行中必不可少的重要工具。其作用如下。

（1）不好意思——想改善

自己照镜子时，如果发现有不理想的地方，一定得整理好才出门，否则会觉得不好意思。当自己所负责的部门或区域被照片展示出来后，员工会觉得不好意思，一定得赶快改善才行。

（2）每天都看得见——得改善

看得见的管理才是最好的管理，每天都展示出来，基于输人不输阵的心理，必须马上改善才不会没面子。员工每天进进出出都看得见，提醒自己改善的重要性，为了工作，必须去改善它。

（3）成果立竿见影——成就感

企业通过定点摄影，将每次改善的成果展示出来，员工会觉得有成就感，而且会一直保持下去。

（4）由点到线到面——扩大参与面

看到别人已经在推行且将实施成果展示出来，员工会产生见贤思齐的心理，急着追赶，不落人后，因而扩大了参与面，使 6S 管理的推行较容易落实。

（5）作为日后 6S 管理培训的教材使用——坚持改善

在 6S 管理中应用定点摄影法，也是对员工心理上的激励，是一个不错的有效促进方法。

2. 定点摄影的实施方法

定点摄影看起来简单，但很多企业在实践中却会陷入误区。

例如，浙江某企业的老总决定在自己的企业内推行6S管理。但是，推行3个月之后发现效果并不好。于是，这位老总决定向专家求助。6S管理专家到现场后发现，这家企业确实使用了"定点摄影"：企业的车间、职工食堂内密密麻麻地贴了上百张照片。但是，每个员工经过的时候也仅仅是看一眼就走了。

这家企业在6S管理的推行过程中存在什么问题？为何无法产生效果呢？

其原因就是，密密麻麻的照片让员工失去了焦点，既无法突出有问题的现场，也看不出改善后的情况。这样的定点摄影也就流于形式，难以发挥其应有的效用。

目前，国内有不少企业已经意识到6S管理的重要作用，开始推行6S管理活动。但是，由于企业领导和员工对6S管理的理解不够，对6S管理的推行往往流于形式，忽略了对6S管理的过程控制。

具体到"定点摄影"来看，企业应当注意以下几个方面。

（1）拍摄时只对现象不对人和岗位。

（2）拍摄时一定要记下时间和位置，最好改善前后的摄影镜头的高度、方向、位置均相同。

（3）改善后要注重效果的对比。需进行颜色整顿的场合，尽量不用黑白照片，使用彩色照片较为有效。

（4）不要以考核为主要目的，要使员工产生成就感。

3. 定点摄影的实施步骤

（1）定点拍摄

在现场定点拍摄一些需改善的现象，例如需区分要与不要的物品。

（2）建立共识

将拍摄好的照片交由委员会讨论，确定哪些照片的内容是改善的主题。

（3）看板公告

将选定的照片制作成看板，让委员们带回各部门、现场张贴，让所有人员均能了解改善的主题是什么、何时改善完成。

（4）后续确认

在改善完成或改善至某一阶段时，可针对主题再次进行定点拍摄，公布在看板上，让所有人员均能了解目前的改善进度。

在实施定点摄影的过程中，企业可以引入定点摄影图表，对定点摄影进行有效管理，如表 3-2-1 所示。

表 3-2-1　定点摄影图表

部门：	部门负责人姓名：			现场责任人姓名：
阶段	照片	摄影日期	评分	建议
第一阶段		4 月 15 日	0	1. 处理一些无用的物品 2. 进行整顿 3. 制作文件一览表
第二阶段		4 月 25 日	4	文件夹背脊的标签要统一，最好用颜色画线显示，使之容易放、容易找
第三阶段				
第四阶段				

6S 管理的关键是掌握其推行步骤，全方位、有计划地对管理过程实施控制，增强员工对 6S 管理活动的信心，激发员工参与 6S 管理活

动的热情。

企业中所有人员的意识进步是 6S 管理活动实施成功的关键，在定点摄影中也是如此。无论是企业的领导者还是普通员工，都应该正确理解定点摄影的意义，从而确保定点摄影的推行，最终达到事半功倍、立竿见影的效果。

3.2.2　红牌作战

红牌作战，即任何人都可以使用红色标签对工厂各角落的"问题点"加以发掘并进行整理的方法，如图 3-2-1 所示。

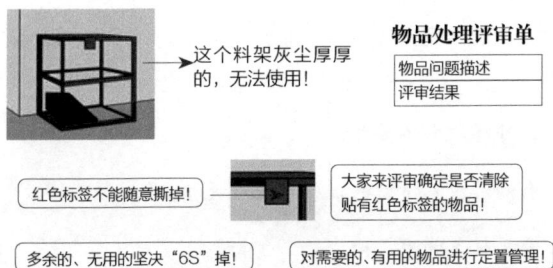

图 3-2-1　红牌作战

悬挂红牌的目的在于让员工明确问题并积极改善，从而达到整理、整顿的目的，这是推行 6S 管理活动的重要技巧，其作用如下。

①必需品和非必需品一目了然，提高了每个员工的自觉性和改进意识。

②红牌上有改善期限，一目了然。

③引起相关责任部门的注意，及时清除非必需品。

红牌作战策略是贯穿于整个 6S 管理活动的，在整理、整顿、清扫、清洁、素养、安全这六大步骤中都能得到很大的应用。

1.实施前提

红牌作战是企业 6S 管理活动持续改善的技巧，但如果企业才刚刚开始推行 6S 管理，那么红牌作战的实施效果会大打折扣。因为此时现场必然存在诸多问题，而大量地贴红牌不仅会增加工作量，也会打击员工的积极性。

因此，实施红牌作战的企业必须符合以下要求。

（1）实施区域已完成 6S 创建，无"脏乱差"现象。

（2）实施区域基本符合"三定""三大要素"的要求。

（3）本区域的督导师及团队成员基本找不到问题了，有希望借助"外人"的眼光来提升本区域的 6S 管理水平的意愿。

2. 实施对象

红牌作战的实施对象涵盖企业现场的所有"问题点"，具体如下。

（1）工作场所的不要物。

（2）有油污、不清洁的设备，卫生死角。

（3）需要改善的事、地、物。

（4）异常可疑的地方。

3. 实施要点

红牌作战的作用就在于"红牌"的警醒作用，其作战模板如表 3-2-2 所示。

表 3-2-2　红牌作战模板

红牌			
类别	□原材料　□半成品　□半制品　□制品 □机械设备　□模具、治具　□工具、备品　□其他		
品名			
编号			
数量	个	金额	元

理由	□不要　□不良　□不急　□边材　□不明　□其他	
处理部门		
处理方式	□丢弃 □退回 □移往红牌集中处 □另外保管 □其他	处理结果：
时间	贴附日期：	处理日期：
整理编号：		

因此，在使用红牌作战时，切忌犹豫或随意，应注意以下要点。

（1）用挑剔的眼光看。

（2）采取严厉的态度。

（3）贴在"有问题"的对象上，如设备、推车、踏板、工装或刀具架、桌椅、资料柜、备品架、材料或产品容器、空间等。

（4）请勿贴在人身上。

（5）如果有犹豫，请贴上红牌。

4. 实施原则

实施红牌作战应遵循以下原则。

（1）整理一定要坚决、果断，绝不手软。

（2）重要的是物品的"现使用价值"，而不是"原购买价值"。

（3）每日自我检查，及时整理。

5. 实施步骤

红牌作战作为企业推行6S管理活动的重要技巧，企业在实施时要按步骤进行，如图3-2-2所示。

```
┌─────────────────────────────┐
│        确定激励机制           │
└─────────────────────────────┘
              ↓
┌─────────────────────────────┐
│   划分竞赛区域，确定区域负责人  │
└─────────────────────────────┘
              ↓
┌─────────────────────────────┐
│  培训所有参赛人员（机制及作战方法）│
└─────────────────────────────┘
              ↓
┌─────────────────────────────┐
│     各竞赛小组开始张贴红牌      │
└─────────────────────────────┘
              ↓
┌─────────────────────────────┐
│  将红牌形成问题清单，并依次解决  │
└─────────────────────────────┘
              ↓
┌─────────────────────────────┐
│  按照机制中制定的指标进行统计排名 │
└─────────────────────────────┘
              ↓
┌─────────────────────────────┐
│            激励               │
└─────────────────────────────┘
```

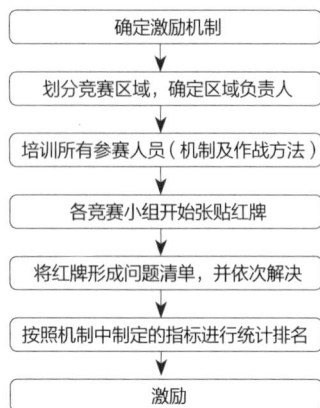

图 3-2-2　红牌作战步骤

在实施过程中，企业也应注意以下事项。

（1）鼓励员工贴红牌，可在活动开始前由上级做动员。

（2）做好活动前的相关准备工作（分小组，划分区域，制作红牌、问题清单、要与不要标准表，购买胶带、笔等）。

（3）在贴红牌的过程中，组织者要指导员工一起找问题。

（4）活动可反复进行，可组织管理人员进行红牌作战活动。

（5）注意对红牌的跟踪及处理，用相机记录活动过程。

6. 实施方法

在 6S 管理的不同阶段，红牌作战的实施方法也有所区别，具体如下。

（1）整理阶段

在整理的过程中，员工应该能够清楚地区分出要与不要的物品，留下最有必要的物品，坚决彻底地抛弃不要的物品，并能够从中寻找出需要改善的事情、地点和物品。在这一过程中，红牌作战的主要目的就是寻找工作场所中可以改善之处。

（2）整顿阶段

在整顿的过程中，员工需要按照"定物、定位、定量"的基本原则，针对需要改善的事情、地点和物品，分别用"红牌"标识。这样就能很直观地看到工作场所中不合理的物品摆放的状况，提醒相关人员加以改善。

（3）清扫阶段

清扫过程就是针对"红牌"问题，提出有效、合理的改善措施，从而减少"红牌"的数量。清扫时要特别注意对以下场所和物品重点给予"红牌"标识：有油污的、不清洁的设备；有污垢的办公室死角；办公室、生产现场中不该出现的物品。

（4）清洁阶段

清扫过程中已经针对不合理的事物和地点进行了"红牌"标识。因此，员工在清洁过程中就要分析具体的"红牌"问题，寻找问题产生的根源，进而提出根本的解决方法，尽量减少工作场所中的"红牌"数量。

（5）素养阶段

在培养6S管理素养的阶段，红牌作战的方法依然是很有效的。红牌作战可以帮助企业员工养成良好的工作习惯，提高自身的素质。员工在工作中能够时时刻刻注意寻找需要增加"红牌"的事物和场所，同时想尽一切办法减少"红牌"的数量。

（6）安全阶段

设备损害、人身伤害等突发事件不但会给工厂正常的生产秩序带来负面影响，还会给企业背上沉重的经济"包袱"。因此，如何保证工作现场的安全是所有企业，特别是制造型企业需要重点关注的问题。在6S管理活动中，企业通过定期的安全审查，对存在安全隐患的地方标识红牌，能最大限度地避免安全事故的发生。

7.持续追踪

无论在哪个阶段，企业在使用红牌作战策略时，都可以采用红牌统计表的方式，对红牌作战情况进行跟踪，如表 3-2-3 所示。

表 3-2-3　红牌发行回收记录表

部门：

场所	发行序号	张数	发行日	发行人	完成日	回收日	认可人	备注

与此同时，企业也要注意区分两种情景的不同处理方式。

（1）快速解决

红牌作战遇到的某一类问题是可以迅速有效地得到解决的。这些问题一旦得到解决，就应该及时将工作现场的"红牌"摘掉。例如，整理了不整齐的摆放、清除了设备的油污、修复了损坏的办公桌椅后，现场的员工应该立即将原来标识的"红牌"摘除，防止出现新旧"红牌"混杂的情况。

（2）持续改善

红牌作战过程中遇到的一部分问题并不能立刻得到解决。因此，红牌作战是一个持续的过程。对此，管辖区域内出现"红牌"的部门就应该立即商量对策、采取行动，直至将"红牌"摘除。企业的红牌作战策略是随着 6S 管理的推行而不断推进的。

3.2.3　目视管理

目视管理是 6S 管理的手段，也是 6S 管理的内容之一。目视管理是看得见的管理，就是将生产计划、生产程序、生产结果和生产目标公布出来，对比生产的实际情况并进行适当调整。

从生理角度来看，企业之所以越来越提倡看得见的管理，是因为视觉器官是人体接受信息能力最强的器官。图3-2-3所示为人体各部分器官接收信息能力占比。

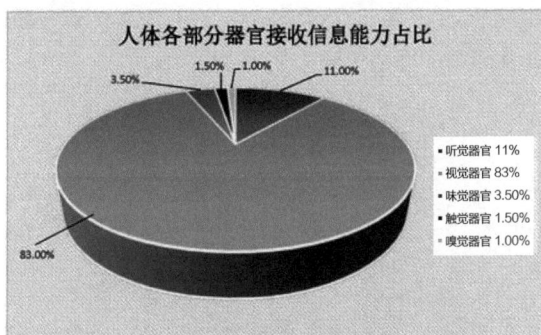

图3-2-3　人体各部分器官接收信息能力占比

目视管理就是通过视觉感应引起人的意识变化的一种管理方法，其内容具体如下。

① 目视管理就是用目光来进行判断的管理手法。

② 摆放位置用标准化的标识牌、指示线等"一看便知"的方法标识。

③ 使任何人都能分辨好与坏的状态，即使新进人员也能很快缩小作业上的品质差异。

目视管理的有效实施，不仅可以简化管理，建立快速发现的制度，提高执行力，也能够起到警示作用，减少差错，提高效率，养成工业化思维，并展示现场活力并激发员工智慧。

图3-2-4所示为简单的一张图片，却明确了垃圾桶目视管理的要点。

① 垃圾桶必须用黄色线定位（线宽5厘米），有垃圾限高线（线

宽1厘米，红色）。

②垃圾桶内垃圾不能超过80%容积（如图3-2-4红线位置）。

③垃圾桶外表面2米内不能看到脏污。

④有标识的一面朝外。

⑤各区域大小由摆放物品大小而定，物品摆放与区域线距离30~50毫米。

图3-2-4　垃圾桶目视管理

企业管理实质上是对管理信息的捕捉、分析及决策的过程。信息的内容涉及企业管理的各个方面，包括办公信息、生产信息、管理信息等。企业只有把相关的重要信息通过目视板展示出来，使管理信息共享，大家在决策时才会更加准确和高效。

把工厂潜在的大多数异常情况展示出来，变成任何人都能一看就明白的事实，这就是目视管理的目的。

目视管理的特点如下。

①以视觉信号为基本手段，让每个人都能看得明白。

②要以公开化、透明化为基本原则，尽可能让大家看得见管理者的要求和意图，借以推动自主管理或自主控制。

③现场的作业人员可以通过目视管理的方式将自己的建议、成果、感想展示出来，与上级管理者、同事们进行相互交流。

目视管理是一种以公开化和视觉显示为特征的管理方式，也可称为"看得见的管理"或"一目了然的管理"，这种管理方式可用在多个管理领域。

1. 实施要点

目视管理的作用就在于快捷地传递信息。因此，在实施目视管理时，企业要注意以下要点。

（1）状态确认：是否谁都能判断好坏（或异常与否）？

（2）准确程度：是否能迅速、准确地判断？

（3）减少差异：判断结果是否因人而异？

2. 实施原则

实施目视管理要遵循三大原则。

（1）透明化：将需要看到却被隐藏的地方显露出来。

（2）视觉化：标牌、标识、颜色等，进行色彩管理。

（3）标准化：表明正常与异常的定量管理界限，能够迅速地做出判断。

3. 实施水准

基于目视管理实施效果的不同，可以将其分为4个水准。

（1）没有水准：未实施目视管理，一团乱。

（2）初级水准：有标识、状态明确。

（3）中级水准：谁都能判断好坏。

（4）高级水准：管理方法（异常处置等）都一目了然。

4. 实施类别

目视管理的内容十分丰富，企业在实施目视管理时，需要明确目视管理的类别，从而规范目视管理。

（1）基本环境目视化

其内容包括以下方面，如图3-2-5所示。

```
                    ┌─────────────────────┐
                    │   基本环境目视化        │
                    └─────────────────────┘
   ┌────────┬────────┬────────┬────────┬────────┬────────┬────────┐
┌──────┐ ┌──────┐ ┌──────┐ ┌──────┐ ┌──────┐ ┌──────┐ ┌──────┐
│区域布局与│ │区域布局│ │岗位标识│ │物料管理│ │安全目视│ │安全定置图│ │安全防患│
│规划职责 │ │标识   │ │（作业岗位、│ │     │ │基准   │ │       │ │要点   │
│目视化  │ │      │ │办公岗位）│ │     │ │      │ │       │ │      │
└──────┘ └──────┘ └──────┘ └──────┘ └──────┘ └──────┘ └──────┘
```

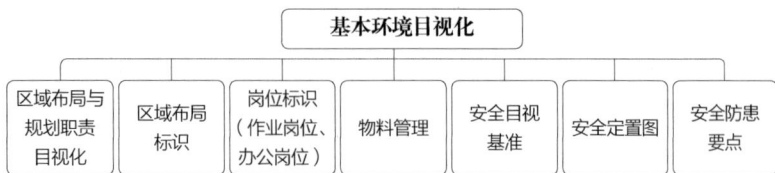

图 3-2-5　基本环境目视化

（2）现场 3S 管理目视化

其内容包括以下方面，如图 3-2-6 所示。

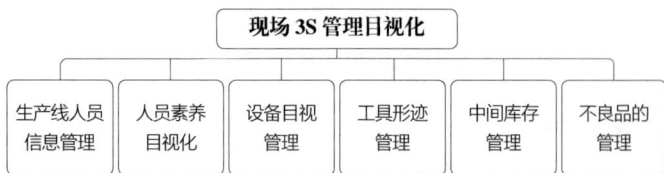

```
              ┌─────────────────────┐
              │   现场 3S 管理目视化     │
              └─────────────────────┘
   ┌────────┬────────┬────────┬────────┬────────┬────────┐
┌──────┐ ┌──────┐ ┌──────┐ ┌──────┐ ┌──────┐ ┌──────┐
│生产线人员│ │人员素养│ │设备目视│ │工具形迹│ │中间库存│ │不良品的│
│信息管理 │ │目视化 │ │管理   │ │管理   │ │管理   │ │管理   │
└──────┘ └──────┘ └──────┘ └──────┘ └──────┘ └──────┘
```

图 3-2-6　现场 3S 管理目视化

（3）班组管理目视化

其内容包括以下方面，如图 3-2-7 所示。

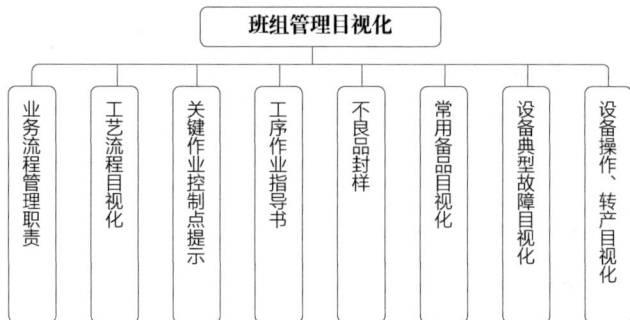

```
              ┌─────────────────────┐
              │   班组管理目视化         │
              └─────────────────────┘
```

业务流程管理职责 / 工艺流程目视化 / 关键作业控制点提示 / 工序作业指导书 / 不良品封样 / 常用备品目视化 / 设备典型故障目视化 / 设备操作、转产目视化

图 3-2-7　班组管理目视化

（4）班组绩效进度目视化

其内容如图 3-2-8 所示。

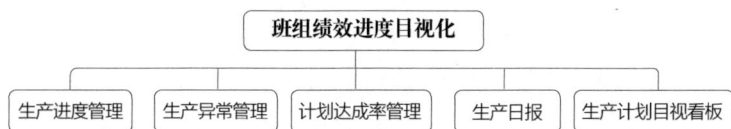

图 3-2-8　班组绩效进度目视化

5.实施方法

目视管理涉及企业管理的各个领域，每个企业都需要在实践过程中，寻找最适合实际情况的目视管理标准，并坚持实施。

在具体实施过程中，企业需要关注以下 4 个重点内容。

重点一：定位目视管理

定位目视管理就是要借助画线、分区等方式，对现场进行定位管理。

以通道线和存放区为例，其中存放区进行目视管理如图 3-2-9 所示。

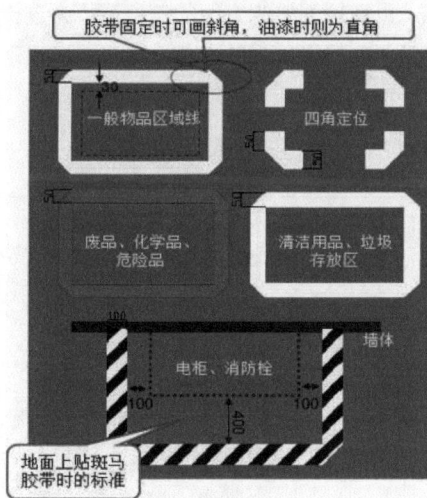

图 3-2-9　存放区目视管理

（1）通道线

①通道线为黄色或白色，宽100毫米。

②人行通道为黄色节线（黄线300毫米，空300毫米），宽100毫米。

③人行道转弯处标记"Caution"提示（黄字）。

（2）存放区

①成品：白色实线，线宽80毫米。

②返修品：黄色实线，线宽80毫米。

③废品：红色实线，线宽80毫米。

④其他：黑色实线，线宽80毫米。

重点二：色彩目视管理

现场管理过程中有需要个人分析和判断的信息，或有不是专门部门人员的信息，也有检测控制方面的信息等。为进一步提高管理水平，企业可以通过色彩目视管理的方法，提高现场识别能力和管理效率，从而达到高效的管理要求，如表3-2-4所示。

表3-2-4　色彩目视管理

适用项目	基准颜色
车间主通道	黄色
仓库主通道	
一般区域线	
辅助通道线	
开门线	
周转区域线	
桌面物品定置线	
人行道	

续表

适用项目	基准颜色
废品区	红色
化学品区	
配电柜区	
消防区	
危险区域	
线槽	
垃圾桶	白色
清洁工具	

在确定色彩目视管理标准之后，企业就要按照管理要求在相应的地方刷不同颜色的油漆或粘贴胶带，使现场规范化。

重点三：标识目视管理

为各种状态下的物料贴上标识，使之成为唯一可识别的验证环节，而在需求物料的时候通过标识来传递需求信息。

表盘目视管理，适用于电流表、电压表、温度计等各种表盘。当员工看到计量器指针时，就能立刻判断设备状态是否正常，并及时处理异常，如图3-2-10所示。

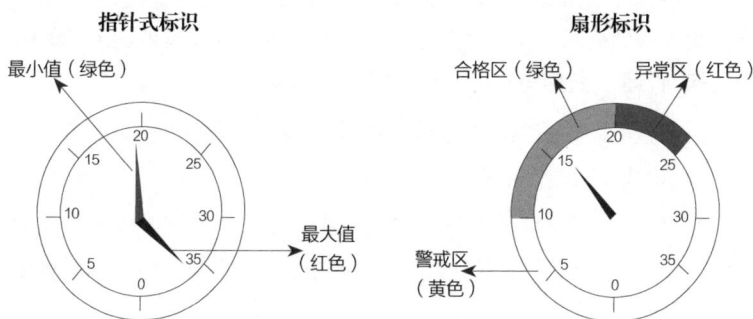

指针式标识　　　　　　扇形标识

最小值（绿色）　　　　合格区（绿色）　异常区（红色）

最大值（红色）　　警戒区（黄色）

图3-2-10　表盘目视管理

设备、工具和工装的状态，以及其各个环节的控制要求都需要通过标识来显示，这样既可以提高操作人员的效率，也降低了相关人员依赖设备、工具及工装进行作业时出错的概率。

重点四：音、视频目视管理

通过电子手段在生产制造现场实现信息的有效分析和传递成为车间管理的要点。企业通过音频和视频效果，让现场的信息迅速而高效地展现在管理人员的面前，从而形成外界的刺激，推动问题的解决。

当生产线出现故障时，安灯系统报警，同时响起报警音乐，信息看板会显示报警位置，方便相关人员及时处理问题。

目视管理的作用，用很简单的一句话概括就是快捷地传递信息。目视管理特别强调客观、公正、透明，有利于统一识别，可以提高士气，让全体员工上下一心地去完成工作。

目视管理可以促进企业文化的形成，因为目视管理通过展示员工的合理化建议、优秀事迹、对先进的表彰、公开讨论栏、关怀温情专栏、企业宗旨方向、远景规划等各种健康向上的内容，让所有员工形成一种非常强烈的凝聚力和向心力，而这些都是建立优秀企业文化的良好开端。

3.2.4　看板管理

看板管理最初是丰田汽车公司于 20 世纪 50 年代从超级市场的运行机制中得到启示，作为一种生产、运送指令的工具被创造出来的。它是 6S 管理中使工作的各项指标透明化的重要手段。

用看板的形式将需要重点管理的项目，如效率、品质、成本、安全等展示出来，使管理状况众人皆知。

在推行 6S 管理活动的过程中，企业要注意标识和看板的有效运用，这既能够及时将信息传递给生产现场的工作人员，同时也能够体现一个企业的文化素养。

看板管理是 6S 管理的重要手段，生产现场的看板管理是 6S 管理工作的重点，看板管理能实现企业工作的有序化。

1. 看板作用

看板在6S管理活动中能够发挥诸多作用，如传递信息，统一认识；防微杜渐，帮助管理；强势宣传，形成改善意识；褒优贬劣，营造竞争氛围；加深客户印象，提升企业形象。

其中，最重要的作用有以下3个。

（1）明确任务

在实施看板管理之前，车间员工可能只知道来上班，却不知道做什么产品，或者要做多少，每天没有任务，也没有目标。

看板管理就是树立标准，将生产指令下达到管理人员、班组长、车间主任和车间员工，让他们清晰明了地看到自己当天要做什么样的产品及完成多少数量。

（2）控制进度

看板是按规定时间更新的，在更新的过程中员工就知道当下要做什么，做完多少，距离目标还差多少，让一切都在掌控之中。

（3）控制产量

流水线作业经常会让数据在生产的过程中产生偏差，做多了超产，做少了不足。本来要生产较多的A产品，最后不小心B产品做多了，A产品做少了，如此现象比比皆是。如果企业实行现场看板管理，生产过程就会一目了然，产品的数量就能得到及时、有效地控制。

2. 实施原则

在运用看板管理时，企业首先应注意"五性"要素。

（1）6S看板管理的精细性

随着社会分工的细化，精细化管理已逐步成为人们所追求的时尚之一，部分企业还把精细化管理作为企业文化的一个亮点来大力宣传。

由于看板管理直接面对生产现场，所以更要做好精细化工作，要把标准及要求量化到每一名员工及每一个操作步骤上。只有这样，生产车间的看板管理才能起到良好的现场指导作用。

（2）6S 看板管理的时效性

6S 看板管理在生产现场运用当中必须具有时效性。

① 及时修正。及时对生产现场有变化的内容进行修正，以避免因标准跟不上生产而导致品质变异，要做到标准指导生产而不是生产引导标准。

② 及时替换。及时进行看板内容及标准的替换，以适应事物的发展，避免在思想上或工作上对现场一线员工造成误导。

（3）6S 看板管理的执行性

随着现代管理理论的发展，现在很多企业对车间看板管理，尤其是其执行性这一方面很重视。

6S 管理要求看板管理有明确的可执行性及标准可用性。其实问题的关键是能不能有效执行，或是执行有没有用，重点是执行时有没有偏差和是否有持久性。要对标准的执行及时进行核查，发现标准出现偏差时要及时地予以纠正。

众多分析一致认为，太多的管理者不能正确对待执行中出现的偏差，没有常抓不懈，做事只是"三分钟热度"。

要知道人是存在惰性的，管理是存在不持久性的。因此对待执行中所出现的问题，必要时还需制定相应的巩固措施以强化所执行的效果并适应事物的发展和变化。

（4）6S 看板管理的规则性

概括地讲，看板管理过程中应该注意以下 5 个使用原则。

① 后工序只有在必要时，才向前工序领取必要数量的零部件；需要彻底改变现有流程和方法。

② 前工序应该只生产足够的数量，以补充被后工序领取的零件；在这两条原则下，生产系统自然结合为输送带式系统，生产时间达到平衡。

③看板管理中不良品不送往后工序：后工序没有库存，后工序一旦发现次品必须停止生产，找到次品送回前工序。

④看板的使用数目应该尽量减少：看板的数量代表零件的最大库存量。

⑤应该使用看板以适应小幅度需求变动：计划的变更由市场的需求和生产的紧急状况决定，依照看板自然地进行生产量变动。

只有做到了以上5点，看板管理才能够达到精益生产的效果，发挥出超常的水平，对工厂车间来说也就能够更好地完成工作指标，有序地提高工作效率。

（5）6S看板管理的标准性

在看板管理的运用中，企业必须正确把握标准并协调各种关系，在平衡中寻求发展并追求标准的正确性，与此同时，也要注意相应方法及其正确性，这就是看板管理的标准性。

如果存在个别工艺生产较复杂，用文字表达又不易理解的标准或生产信息，可采用在生产现场运用原样（样品）的方法，让员工在生产活动中及时对照与参考。对一些简单明了、数字化的相关信息可采用板报公布的方式，便于员工理解。同时，标准的正确性也是看板管理有效实施的关键因素。

对此，企业可以制作"看板管理一览表"，如表3-2-5所示。

表3-2-5　看板管理一览表

看板内容	公司统一	部门内统一
方针、标语等		
组织结构图		
海报、新闻		
评价表		
活动计划等		

看板内容	公司统一	部门内统一
月度管理		
现场实施计划		
清扫分担表		

3. 实施方案

看板管理可以融入 6S 管理的各个方面，并具有极强的执行效果。而要达到这样的效果，企业在制定实施方案时，就要注意以下 4 个方面的内容。

（1）思想方面

企业要积极主动学习优秀管理制度，敢于突破创新，敢于颠覆传统观念，适应社会安全发展的需要。将现代安全管理知识与安全管理经验相结合，形成符合现代安全管理的制度。

（2）工作方面

服从管理、强化执行、敢于创新。

（3）制度方面

学习优秀的管理制度，将理论和实践相结合，从自身出发，主动适应发展需要，形成既符合现代安全管理需要，又符合自身安全需要的制度。

（4）其他方面

需要各部门配合落实看板管理制度，做到多部门参与。

4. 实施方法

在科学的看板管理中，企业要遵循硬性的步骤及程序。看板管理的实施，主要关注样式和内容两部分内容。

（1）样式合理

看板样式的设计，必须符合以下原则：设计合理、容易维护、动态管理、一目了然、内容丰富、引人注目。

需要注意的是，企业需要关注看板标识的艺术性，字体的选择，大小的设置都会直接影响看板的美观程度。尽量用鲜明的色彩来进行标识，醒目的文字可以很容易地引起人们的注意，从而有效传递信息并进行工作管理。

（2）内容完善

在不同的使用场景下，看板的内容也有所差异。

一般而言，看板的主要内容包括：质量信息、成本资料、交货期信息、机器故障情况、目标提案改善建议、专案活动信息等。常见的管理看板主要有：生产计划看板、生产线看板、质量信息看板、制度看板、现场布局看板、发货动态看板等。

具体而言，管理看板的设计可以借鉴以下 4 类看板。

① 生产计划看板

生产计划看板主要是针对本阶段的工作计划而制成的，主要内容包括产品的名称、本月计划数据、本月实际完成数据、序时进度以及完成情况等，必要时分解到每周和每日。生产计划看板通常置于生产管理部门办公室的墙面上，班组分解的生产计划看板可置于生产现场中，激发员工赶超目标的动力。

② 生产线看板

这种看板在流水线上出现得比较多。随着微电子技术的快速发展，管理看板由过去的人工填写改为电子显示屏实时显示，如在流水线的显示屏上，会随时显示生产信息（目标、实际生产数量、差额数等），使各级管理人员随时掌握生产情况，一目了然。

③ 现场看板

这种看板主要采用电子显示屏进行实时显示，所有生产过程全部用计算机进行监控，操作者只需要根据计算机显示屏上显示的信息来进行操作。所有生产过程都会在计算机显示屏上进行实时动态显示。

④ 电子看板

电子看板可以将生产、品质、设备状况转化成可视化管理，使相关人员在第一时间发现问题，并解决问题。电子看板把信息系统引入传统的看板系统。电子看板利用单片机技术和超大规模现场可编程器件进行设计。

5. 精益生产

6S 管理活动是企业精益化管理的重要内容。而看板管理不仅能够用于 6S 管理，更是精益生产的重要手段。

看板管理在精益生产中的主要目的是：实现适时、适量、适物生产。

在制品的数量可以通过发出的看板数来计算与控制。出口存放处的在制品数量可以按发出的生产看板数来计算；入口存放处与处于搬运过程的在制品数量，则可以用发出的传送看板数来计算。因此，在看板管理中，控制看板发出数量就等于控制了各工序上的在制品数量。

通常，可以用下列方法来控制与调整在制品的数量。

（1）前后工序生产的均衡化

通过提高前后工序生产的均衡化程度，减少维持前后工序不平衡的在制品所对应的看板数。

（2）根据生产需求减少看板

有计划地主动减少看板，如出现问题，则找出原因。当需要找出某一作业点生产上存在的问题时，则减少发出的生产看板数；当需要找出搬运方面工序工作点存在的问题时，则减少发出的传送看板数；当采用最简单易行的、花费最少的方法使生产在新的库存水平下能够平稳地运行时，则再减少一些看板。重复以上过程，直至不需要看板，就完全实现了准时生产。

（3）全员参与看板管理

要让每一位员工参与进来，发现问题并想办法来解决所发现的问题。管理者的精力是有限的，并且有些问题的解决方法可能只有具体作业者才清楚，所以要让每一位员工参与进来，发现问题并解决问题。如何减少调整准备时间，如何更好地确定设备保全周期以减少停机时间，如何更好地防止品质问题的发生等，发挥全员智慧解决类似问题，就能更好地实现精益生产，减少在制品数量。只要初步实现了以拉动式方式组织生产，企业就可以沿着精益生产的方向不断改进。

进行看板管理是一个无止境的改善过程，在这个过程中各阶层管理者所面临的问题的难度会越来越大，作业要求也越来越细致。它使人们永远不会自满，永远要去面对新问题。只有员工具有不断改善、追求完美的精神，各阶层管理者不断地提出新的富有挑战性的工作目标，才能保持企业强大的生命力。

3.2.5　定置管理

定置管理是以生产现场为主要研究对象，研究分析人、物、场所的状况及其联系，并通过整理、整顿、改善生产现场条件，来促进人、机器、原材料、制度和环境有机结合的一种方法。

有效的定置管理，需要根据物流运动的规律性，按照人的生理、心理、效率、安全的需求，科学地确定物品在工作场所中的位置，实现人与物的最佳结合。

通过整理，企业可以把生产过程中不需要的东西清除掉，不断改善生产现场条件，科学地利用场所，向空间"要"效益。通过整顿，促进人与物的有效结合，使生产中需要的东西随手可得，向时间"要"效益，从而实现生产现场管理的规范化与科学化。

1. 定置管理的前提

要实施定置管理，必须先明确生产活动中人、物、场所之间及这三者与信息的关系。

人与物的关系

在生产活动中，构成生产工序的要素有 5 个，即原材料、机械、操作者、操作方法、环境条件。其中最重要的是人与物的关系，只有人与物有机结合才能进行工作。

（1）人与物的结合方式

人与物的结合方式有两种，即直接结合与间接结合。

① 直接结合又称有效结合，是指工作者在工作中需要某种物品时能够立即得到，高效率地利用时间。

② 间接结合，是指人与物呈分离状态，需要通过一定的信息媒介或某种活动才能使二者达到最佳结合。

（2）人与物的结合状态

生产活动中主要是人与物的结合，但是人与物能否有效地结合取决于物的特定状态。人和物的结合状态有以下3种。

① 有效结合状态，物与人结合后能立即进行生产活动。

② 间接结合状态，也称物与人处于寻找状态，或物存在一定缺陷，经过某种媒介或某种活动后才能进行有效生产活动的状态。

③ 物与现场生产活动无关，也可以说是多余物。

场所与物的关系

在生产活动中，人与物的结合状态是生产有效程度的决定因素。但人与物的结合都是在一定的场所里进行的。因此，实现人与物的有效结合，必须先处理好场所与物的关系，也就是说，场所与物的有效结合是人与物有效结合的基础。场所与物的结合就是放置的科学，我们称之为"定置"。

定置与随意放置不同，定置是对生产现场、人、物进行作业分析和动作研究，使对象物按生产需要、工艺要求科学地固定在场所中的特定位置上，以达到场所与物的有效结合，缩短人取物的时间，消除人的重复动作，促进人与物的有效结合，如图3-2-11所示。

图3-2-11 工具定置

场所的3种状态如下。

① 良好状态，即场所具有良好的工作环境，作业面积、通风设施、恒温设施、光照、噪声、粉尘等情况符合人的生理状况与生产需要，整个场所达到安全生产的要求。

② 改善状态，即场所的布局不尽合理，只能满足人的生理要求或只能满足生产要求，或两者都未能完全满足，还需要不断改善。

③ 需要彻底改造的状态，即场所既不能满足生产要求、安全要求，又不能满足人的生理要求，需要彻底改造。

在生产过程中，根据对象物的物流运动的规律性以及便于人与物的结合和充分利用场所的原则，必须科学地确定对象物在场所中的位置。

① 固定位置，即场所固定、物品存放位置固定、物品的信息媒介固定。用"三固定"的技法来实现人、物、场所一体化。此种定置方法适用于对象物在物流运动中进行周期性运动，即物品用后回归原地，仍固定在场所某特定位置。

② 自由位置，即物品在一定范围内自由放置，并以完善信息媒介和信息处理的方法来实现人与物的结合。这种方法应用于物流系统中不回归、不重复的对象物。

人、物、场所与信息的关系

生产现场中众多的对象物不可能都与人处于直接结合的状态，绝大多数的人与物处于间接结合状态。为实现人与物的有效结合，必须借助于信息媒介的指引、控制与确认。因此，信息媒介的可靠程度直接影响人、物、场所的有效结合程度。信息媒介分为引导信息媒介和确认信息媒介两类，每类信息媒介又各有两种媒介物。

① 引导信息媒介，即人们通过信息媒介物，如位置台账、平面布置图等被引导到目的场所。

② 确认信息媒介，即人们通过信息媒介物，如场所标识、物品名称（代号）等确认出物品和场所。

2. 定置管理的对象

有效的定置管理，离不开对定置的对象，即定置物的确认和分类。

（1）定置物确认

根据企业运营环境不同，定置管理的对象也有所差异。一般而言，定置物确认主要关注的区域为生产现场、库房、办公室。

① 生产现场：在制品、半成品、成品、可修品、废品、工具柜、材料架、设备（机、电）、仪表、刀量具、模具、容器、运输工具（车）、原材料、元器件、废料箱、工作台、更衣柜等。

② 库房：材料架、材料柜、运输车、办公用具、消防设施等。

③ 办公室：办公桌、工作椅（凳）、文件柜、资料柜、电话、个人用品、茶几、会议桌等。

（2）定置物分类

定置物按人与物在生产过程中的结合程度分为以下 4 类。

① A 类：人与物处于外部紧密结合状态。如正在生产加工、装置、调试、交验的产品，以及正在使用的工具、量具、模具、设备、仪表等。

② B 类：待用或待加工类，如原材料、元器件、待装配的零部件，模具等。此类物品可随时转化为 A 类。

③ C 类：人与物处于待联系的状态，如交验完待转运入库的产品，暂时不用的模具、材料等。

④ D 类：人与物已失去联系的状态，如报废的产品、废料、垃圾等，都处于待清理的状态。

分类摆放 A、B、C 类定置物，经常整理 A 类，及时转运 B 类，清除 C、D 类。

3. 定置管理的内容

定置管理的内容较为复杂，在工厂中可粗略地分为工厂区域定置、生产现场区域定置和可移动物区域定置等。

（1）工厂区域定置

工厂区域包括生产区和生活区。生产区定置包括总厂、分厂（车间）、库房定置。如总厂定置包括分厂、车间界线划分，大件报废物摆放，改造厂房拆除物临时存放，垃圾区，车辆停放等；分厂（车间）定置包括工段、工位、机器设备、工作台、工具箱、更衣箱等；库房定置包括货架、箱柜、贮存容器等；生活区定置包括道路建设、福利设施、园林修造、环境美化等。

（2）生产现场区域定置

生产现场区域包括毛坯区、半成品区、成品区、返修区、废品区、易燃易爆污染物停放区等。

（3）可移动物区域定置

可移动物区域定置包括劳动对象物（如原材料、半成品、在制品等）定置，工具、量具（如胎具、容器、图纸、工艺文件等）的定置，废弃物（如废品、杂物等）的定置。

4. 定置管理的方法

企业必须按照一定的程序和步骤进行定置管理，对生产现场的材料、机器、操作者、制度等进行科学的整理、整顿，将所有的物品，按定置图定置，使人、物、场所达到最佳结合状态。

（1）管理程序

定制管理的管理程序应当涵盖以下5点内容。

①对生产现场和生产任务进行分析和平衡。

②根据定置管理的原则进行定置设计，确定定置物的摆放位置，因地制宜地划分区域。

③绘制定置管理平面图。

④对生产现场进行清理、整顿、清洗、定置、验收工作。

⑤验收分为自验、厂验、上级机关验3个层级。

（2）实施步骤

定置管理的实施步骤主要分为以下3步。

① 清除与生产无关之物

生产现场中凡与生产无关的物品，都要清除干净。清除与生产无关的物品应本着"双增双节"的精神，能转变利用便转变利用，不能转变利用时，可以变卖，转化为资金。

② 按定置图实施定置

各车间、部门都应按照定置图的要求，对生产现场的物品进行分类、搬转、调整和定位。定置的物品要与定置图相符，位置要正确，摆放要整齐，贮存要有器具。可移动物，如推车等也要定置到适当位置。

③ 放置标准信息铭牌

放置标准信息铭牌要做到牌、物、图相符，设专人管理，不得随意挪动。要以醒目和不妨碍生产操作为准则。

总之，6S 定置管理的实施必须做到：有图必有物，有物必有区，有区必挂牌，有牌必分类；按图定置，按类存放，账（图）物一致。

5. 定置管理的案例

（1）工作场所

首先要制作相应的定置图，如图 3-2-12 所示。

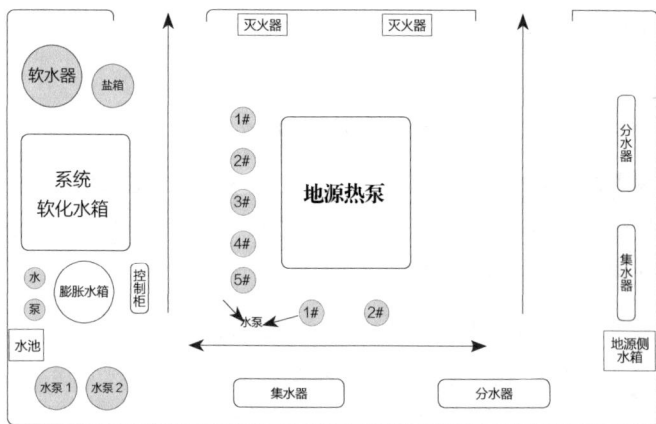

图 3-2-12　车间定置管理图

通道、公共区、库房、办公室都要进行规划和展示。明确各区域管理责任人，工具设备、垃圾箱、消防设施、易燃易爆的危险品等均用鲜明、直观的色彩或标识牌来显示。

（2）清洁工具、清洁车

清洁工具、清洁车应按标准的规定来设计定置图。工具摆放要严格遵守定置图，不准随便摆放。清洁车的定置图统一贴在规定的位置，清洁工具的定置图贴在相应的存放处。清洁工具、清洁车的摆放位置要标准化、规范化和统一化。

（3）库房

首先要设计库房定置图，如图 3-2-13 所示。

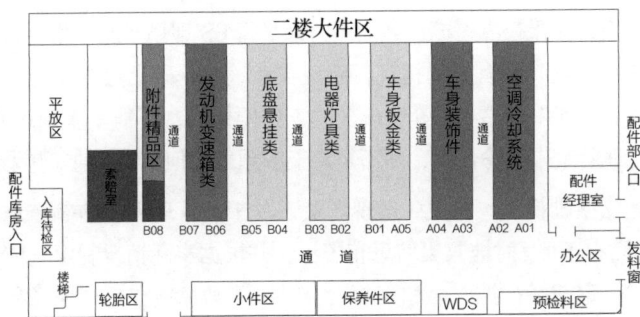

图 3-2-13　库房定置图

对那些易燃、易爆、易污染、有储备期限要求的物品要按照要求实行特别定置。有储备期限要求的物品的定置，在库存报表、数据库管理上要有关于时间期限的特定信号或标识。库存账本应有序号和物品目录，注意账物相符。

工具定置管理还可以借鉴美国实耐宝公司的智能工具箱。除去工具归类、标识、易拿易放之外还能自动进行产品与数据统计，甚至可以共享信息。比如 A 车间紧急需要某工具，员工可以通过工具箱信息快速得知哪个车间哪个工段的此工具不在使用状态，快速获取信息，维修维护设备。

3.3 6S 管理的激励原则

3.3.1 6S 管理为什么需要激励

6S 管理推行成功的重要标志，在于不断提高现场管理水平。但素养的提高，不是一蹴而就的，冰冻三尺，非一日之寒。为此，企业应在推行过程中合理使用激励方法，促使员工提升素养，实现员工与企业同步成长。

6S 管理的推行，强调有形的压力和无形的压力相结合，活动与管理相结合。不能仅仅靠威信、考核等有形的压力来推行，还要通过无形的压力激励员工不断改善，如使用看板管理、目视管理等方法。

然而，如果仅靠考核、施加压力来推行 6S 现场管理，企业管理水平势必得不到长期有效的提高，应该在考核的基础上建立一定的激励机制，让员工在享受 6S 管理带来的工作便捷时，还能享受到做好 6S 现场管理所带来的愉悦感，而不是每天都想着如何应对检查、考核。

建立激励机制，激发生产现场员工及相关管理人员的参与意识，6S 管理部门可及时地收集信息和资料，并根据实际情况制定具体的实践方案，定期举行推广会和表彰大会，以奖励那些在生产现场积极努力工作，并热情参与推行 6S 管理理念的员工。

总而言之，激励机制就是要奖优罚劣：奖励整体水平高的，整体进步快的，有重大突破和亮点的；处罚连续落后的，多次不改的。这样，才能推动 6S 管理的整体实施。

其内容主要包括以下 5 个方面。

1. 奖励形式

只有当奖励能够激起员工欲望时，奖励才具有激励作用。因此，企业要充分考虑企业员工特性，设计合适的奖励形式，以免企业付出了奖励成本，却达不到相应的效果。

例如有些企业规定，月评比获得一等奖的部门，每个人奖金加 20 元，那么一个 50 人的班组月检奖金有 1000 元。但因为是算总账，员工觉得有奖与没奖差不多，企业也就难以达到激励效果。

因此，6S 管理的月度表彰设计要针对责任区，设置一等奖、二等奖、三等奖、进步奖，奖金依次递减，但进步奖的奖金起码要与三等奖持平。当然，也可以设置改善奖，奖励的方式有奖金、锦旗等，锦旗采用轮流制，如能公开颁奖并发获奖通报，效果更好。

一般而言，奖励形式分为物质奖励和精神奖励两种，常见的奖励形式包括现金、奖品、流动红旗、奖杯和培训机会等。此外，企业还可为获奖部门发表报道，进行媒体宣传，以增强激励效果。

2. 集体激励

很多企业在推行 6S 管理时，不愿增加激励投入，单纯采取只罚不奖的方式，发现问题立即罚款，或给予其他惩罚。这种方式不仅会损害员工参与 6S 管理的积极性，更会损害员工的工作积极性，对企业发展造成严重影响。

事实上，即使采取月度奖金奖励的方式，企业一年的投入也不过10 多万元，但这些成本却能为企业的 6S 管理带来长期的积极影响。尤其是普遍采用的集体奖励还能借助集体荣誉感增强集体凝聚力。

例如，某企业设置以班组为单位的 6S 管理活动月度考评，一等奖 1 名 3000 元，二等奖 2 名各 2000 元，三等奖 3 名各 1000 元，总计10000 元。这样的阶梯奖励虽然企业花费了一些奖金，但能够给企业6S 管理带来不错的激励效果。

与此同时，在激励制度的长期推行中，企业付出的奖金，也可能会被用于反哺企业 6S 管理。

比如班组拿到奖金后，大多将奖金用于团队建设，这既能增强班组的凝聚力，也能激发员工参与 6S 管理的积极性。员工会更加积极表现、再接再厉，争取继续拿奖。

长此以往，优秀班组也会开始考虑将奖金用于自我提升，比如装饰学习角、购置现场管理书籍等。

正是在这样的过程中，员工态度会逐渐发生变化，他们会真正关注现场管理，关注班组工作，为班组建设带来长期的积极影响。

3. 个人激励

一般来说，企业做激励机制设计时，不仅需要设置集体奖励，更要尽量将 6S 评比结果跟员工个人挂钩，将 6S 管理激励机制纳入每位员工的绩效考核，或是设置个人 6S 管理活动月度考评。

例如，在集体奖励的基础上规定，做得差的员工扣 5 元，做得好的员工奖励 50 元，在年度绩效考评中，6S 管理考评的权重为 10%。

但是，奖励的额度一定要根据企业的工资水平、员工的人数及当地的物价水平来决定。同时，企业要引导员工对相关奖金的使用，鼓励员工将其投入到个人提升中。

其实，这笔奖金对企业来说是一个持续性的投入。6S 管理活动做得好，企业的质量问题会越来越少，效率会提高，安全会得到保障，这是一种长期的回报。

4. 注意颁奖方式

对优秀个人的奖励，最好采用公开颁奖的方式。但很多企业的颁奖是暗地进行的，这样就失去了激励效果。

企业可以选择在每月的综合早会上，由总经理在全体员工面前颁发相应奖励。如果没有早会制度，也可以由公司主管领导到某一个部门颁发。

一般来说，在公司管理会议上由经理以上的干部颁奖，如果能再到车间颁发一次，并在公告栏进行公示，这就能够使激励效果最大化。同时，可以邀请领导做动员，并做好相关的宣传工作。

5. 设计处罚机制

6S 管理的激励机制，既不能只罚不奖，也不能只奖不罚。在增强奖励效果的同时，企业也要设置相应的处罚机制。只奖不惩，改不掉员工的惰性。

针对那些做得不好又不愿意改善的员工，建立惩戒机制，迫使他们改善，让他们产生危机意识，提高其参与 6S 管理的积极性。

如果责任区班组因态度不正、消极抵抗、屡处末位，或者相同的问题一直得不到整改，6S管理推行不顺以致引发事故，企业必须对其进行严肃处罚。

处罚要注意有效性。通常来说，罚的形式有很多，可以通报批评，勒令整改，给责任人经济处罚。但要注意，企业处罚的是责任人，而不是整个责任区。处罚之后，还要要求责任人向总经理进行书面检讨，或公开表态，必要时进行干部调整，发动企业内部的媒体宣传来施加压力。

另外，还有一些特别的方法，如除了公布黑名单，贴出相关责任人的照片，对相关责任人进行罚款外，还可以组织领导帮扶会。

6S管理的推行，离不开有效的激励机制。企业一定要善于设计相关机制，奖优罚劣，通过奖罚过程引导大家强化基础管理，改善现场管理。毕竟，奖罚是手段，而非目的。

在实践过程中，企业根据自身的实际情况，也可以对以上的策略和方法进行不同程度的调整。充分发挥员工的主观能动性和创新意识，可以使企业的生产活动在6S管理下有秩序、可持续地良性发展下去。

3.3.2　6S管理激励的"烫火炉"原则

推行6S管理的过程中，为了提高整体管理水平，企业需要确定考核原则，并落实到位，这被称为"烫火炉"原则。

所谓"烫火炉"原则，就是把"火炉"烧红，它并不会主动烫人，但无论身份、地位，只要有谁敢碰，就必然会被烫到，得到惩罚。

"烫火炉"是全体成员都必须执行的制度，其内涵如下。

① 知烫别碰——警示性

"烫火炉"的关键作用并不在于惩罚，而在于事前的约束与预防。烧红的火炉，就是在警示企业成员：切忌触碰和跨越，否则就会受到相应的惩罚。

与之相对的，如果企业成员不去触碰"烫火炉"，当然也不会被"烫伤"。只有严格"法治"，才能杜绝"人治"。

②谁碰谁烫——公平性

"烫火炉"想要发挥作用，就必须体现公平性。无论是普通员工、管理干部，还是企业领导，只要触碰到"烫火炉"，就必然会被"烫伤"。

制度面前人人平等，是确保激励制度有效推行的重要原则。如果"选择性执法"，必然造成"普遍性违法"。

③轻碰轻烫、重碰重烫——适度性

轻轻摸一下"烫火炉"，与重重压在"烫火炉"上相比，其疼痛程度必然有所不同。这就是"轻碰轻烫、重碰重烫"。

6S 的激励制度也同样要遵循适度性的原则。根据企业成员违规程度的不同，给予相应的惩罚，而非"重罪轻罚"或"轻罪重罚"，否则会损害制度的权威性。

④即碰即烫、不秋后算账——即时性

只要触碰到"烫火炉"，当即就会被"烫伤"，绝不会等一会儿才感觉到"烫"。

在即时性的原则下，每位违背规章制度的企业成员，都必须承担相应的责任，并立即得到相应的惩处。延后性的"秋后算账"，只会让企业成员产生侥幸心理。

⑤碰哪烫哪——分明性

"烫火炉"的分明性就在于用手碰它就会烫手，用脚碰它就会烫脚，而不会牵连头或全身。

在 6S 激励机制的实施中同样应当如此，必须对事不对人，通过惩戒不良的行为来约束企业成员，而非通过惩戒人来约束不良的行为。

⑥每碰每烫——一贯性

无论多少次触碰"烫火炉"，你都会感受到同样的疼痛，而不会产生所谓的"免疫机制"。这就是6S激励机制的一贯性。

需要强调的是，朝令夕改是企业管理的大忌，企业在制定制度之前，必须经过深思熟虑，力争各项规章能够长久有效。

6S管理的激励机制必须从上述6个角度出发，有形的压力和无形的压力相结合，活动与管理相结合，不仅仅靠威信、考核等有形的压力来推行，还要通过无形的压力激励员工不断地改善。

总体而言，"烫火炉"原则在6S激励管理中的作用，主要体现在以下3个层面。

①执行方法：规章制度明确规定了企业成员的工作内容，即做什么、怎么做。让企业成员的行为"有法可依"。

②检查方法：规章制度明确规定了对企业成员工作的评价方法，即谁检查、怎么检查、标准如何。确保每位成员的工作得到有效评价。

③处理方法：规章制度明确规定了各种情况对应的奖惩方法，即是否应该奖惩、如何奖惩。让企业成员的行为得到有效反馈。

"严格考核、奖罚分明"是管理中有力的杠杆，运用得当可以起到事半功倍的效果。在6S管理安全上企业必须运用有效手段，保障安全制度措施落到实处。在生产中对违章的成员要给予批评教育甚至重罚，对遵章守纪的成员给予奖励。从"德、能、勤、绩"几方面对成员进行严格考核，与年终评比挂钩，并公开考核的结果，让大家一起来监督。

规章制度一旦确立，企业所有成员都必须遵守，违反就会受到相应的惩罚，达标就会得到相应的奖励。只有如此，企业规章制度才能具有权威性，企业成员才能受到6S管理的激励。

3.3.3 6S管理激励的"授人以鱼"原则

虽然"授人以鱼，不如授人以渔"，但在职场环境中，"授人以鱼"的激励机制往往具有更加直接的激励效果。

员工期望在 6S 推行过程中，通过努力获得组织的认同，并获得相应的工作报酬，体现工作价值。

为此，企业在推行 6S 管理的过程中，应当尽可能地给予员工直接的激励。

① 对于 6S 推行过程中表现优秀、现场改善效果明显的团队和个人，予以一定的物质激励（物质激励时，一般激励到团队，由团队进行自主分配）。

② 通过排名、宣传报道、纪念品发放等荣誉激励，让现场团队的改善精神得以传承。

③ 建立合理化提案制度，针对员工提出的好点子、好建议，经组织认同实施后，予以一定的物质激励；也可通过实施后的经济回报率，给予一定的提成。

3.3.4　6S 管理激励的"授人以渔"原则

6S 管理之所以能够持续推行，推动企业持续改善管理水平，其核心在于每位企业成员的自发行动，员工真正养成参与和改善 6S 管理活动的习惯。

事实上，企业在推行 6S 管理的过程中，不少员工都有强烈的改善意愿和激情，但对具体的做法不了解。企业可通过培训引导，实现改善效果。

为此，企业应当秉持"授人以渔"的原则，为员工提供参与 6S 管理活动并自我提升的方法，具体内容如下。

① 设立样板区，样板区先行可以让相似的部门和团队进行复制与创新活动。

② 组织外派的参观学习，向 6S 管理实施效果较好的企业取经。当 6S 管理执行到一定阶段时，组织企业内部的参观学习。

③ 将 6S 管理与现场管理的培训活动纳入每年的培训计划中，定

期组织相关的外部与内部培训活动。

④ 开展"10 分钟教育"活动，组织学习改善技巧与实施方法的小团队培训活动。

6S 管理的高效推行，离不开员工的工作积极性、创造性。从心理学来讲，就需要遵循人的心理活动规律办事。

在"授人以渔"的原则下，积极心理学在 6S 管理中有重要的作用。合理运用积极心理学能够让企业成员心中充满希望，享受工作过程中的快乐，体验到被赏识与被鼓励的自豪感，从而调动员工的工作积极性，使员工在心情愉悦中高质量完成工作，提高公司收益。

具体而言，积极心理学的应用主要体现在以下方面。

① 从众效应的运用

运用从众效应，管理者可以在 6S 管理中安排 3 个"自己人"，这 3 个人需要对管理者充分理解与信任并具备相应的特点：第一需要能力强，在团队中有着"专家"的身份；第二需要传播力强，有消息能第一时间传递；第三需要人缘好，能够安抚团队成员的情绪。在做出指标要求或宣布规定时，"自己人"应在合适的时间做出合适的回应，这样会使其他人因为从众效应而做出类似的回应，增加管理者的说服力，以取得事半功倍的效果。

② 正能量效应的运用

无论是对个人的影响还是对团队的影响，正能量效应与积极心理学有着异曲同工之处，它可以穿插于管理的任何一个流程中。

首先，早会中可以增加一个表扬环节。如果有员工近期表现较好则直接表扬并让大家鼓掌鼓励。鼓掌是个提升士气的好办法，一定要让全体成员一起鼓掌，即使是没有可表扬的人和事，也要找一个理由表扬员工，鼓掌的时间尽可能长一点，尽可能响一点，掌声的激励能够增加员工的工作热情。

其次，工作间隙偶尔给员工赠送小礼物或及时表扬他们，让他们时时有惊喜，保持愉悦的心情。

最后，在工作中仔细观察并了解员工的状态，在员工繁忙时伸出援手，突如其来的帮助会让他们觉得自己很幸运，从而达到正向管理的目的。

③ 登门槛效应的运用

登门槛效应又称得寸进尺效应，是指一个人一旦接受了他人的一个微不足道的要求，为了避免认知上的不协调或想给他人前后一致的印象，就有可能接受更大的要求。运用在管理中，管理者可以先给员工定一个比较小的目标，而后循序渐进，不断增大，这会比直接定一个大的目标更能让员工接受。

④ 拆屋效应的运用

拆屋效应运用在 6S 管理中，管理者可以先暗示一个极难完成的目标，让员工在心理上觉得不可能完成，然后再提出实际需要完成的目标，让员工觉得有完成的可能。

⑤ 邻近效应的运用

邻近效应运用在 6S 管理中，管理者可以将性格相似但目前绩效差别大的两人安排相邻而坐，并让绩效好的员工主动刺激目前绩效较差的员工。这要求管理者充分了解每位员工，分析每个人的性格特点及其优势劣势，继而让绩效表现稍差的人坐在"标杆"旁边，并让"标杆"主动刺激。在实施过程中要不断查看效果，如果效果不明显或"标杆"业绩有下滑趋势，要及时进行调整，而对取得较好效果的可以总结经验并继续运用。

⑥ 罗森塔尔效应的运用

罗森塔尔效应运用在 6S 管理中，管理者可以多开展活动，如"感恩日""让我抱抱你""爱的礼物""在我眼里你最美"等。这需要管理者在管理下属时要投入感情并加以引导，使下属能够发挥自身的主动性、积极性和创造性。

⑦ 阿伦森效应的运用

阿伦森效应运用到 6S 管理中，提供给管理者一种赞美下属的方法：先批评下属，把该指正的地方指正出来，然后再对他工作中的一些成绩予以肯定。这样会让下属感觉管理者是非分明，并且充分了解和信任自己。

⑧ 责任分散效应的运用

责任分散效应运用到 6S 管理中，要求管理者在制定目标和分配任务时要明确责任，分工到人，让每个人清楚自己的工作职责，以及在团队中担任什么样的角色等。只有管理者将责任明确到人，员工才会有较强的责任感并在工作中做出积极响应。

通过上述 8 个效应的运用，6S 管理就能够借助积极心理学对企业成员进行有效引导，6S 效应活动也就能真正融入企业成员的血液，成为企业成员的工作习惯。

3.3.5　6S 管理激励的"大智若愚"原则

6S 管理活动始于素养，成于素养。在强调正向激励的同时，企业也不应惧怕制定惩罚措施。尤其是当员工触犯 6S 管理活动中的规则时，企业必须通过负激励的方式实施管控。

在 1998 年以前，海尔就已经开始实行"6S 大脚印"策略。当时的"大脚印"颜色是黄色的，只有班组中出了问题的员工才站到大脚印上进行反省，接受班长的批评。这种激励方式曾经对海尔的管理起到了非常重要的作用，因为制度公平，就事论事，以改进工作为目的，所以员工普遍接受并逐渐成为一种自觉的行为。

6S 是海尔本部实行多年的"日事日毕，日清日高"管理办法的主要内容。每天工作表现不佳的员工要站在"6S 大脚印"上反省自己的不足，海尔称这种做法为"负激励"。

激励分为正激励和负激励，只有结合运用，才能形成"鼓励先进，鞭策后进，你追我赶，比、学、赶、帮、超"的好局面。

对此，企业应当秉持"大智若愚"的原则，坚守 6S 管理的底线，激励员工提升，具体内容如下。

① 对企业硬性规定的安全纪律，全体员工必须严格执行，并按照"烫火炉"原则进行负激励考核。

② 对已经形成的定置、定位标准，在日常工作中没有遵守的，一经发现，进行负激励考核。

③ 对 6S 管理推行委员会下达的改善计划，逾期未完成的，给予当事人和上一级责任人连带负激励。

④ 在定期和不定期的 6S 管理检查活动中，对改善效果不佳的部门实行曝光，或通过排名的方式鞭策落后的团队。

任何人都更愿意受到鼓励，而不愿意受到批评或惩罚。在 6S 管理的激励中，正激励也确实比负激励的作用更大。然而，企业管理者也应当明白，适当的负激励是必要的，但应该把公平原则用到极致。

第四章

6S 活动检查标准及要点范例

6S 管理活动的核心在于过程，而非结果，企业要始终重视对 6S 活动过程的控制和督导。如果只想着"以结果论成败"，那么等到确认失败时也为时已晚。企业必须制定 6S 活动检查标准及要点范例，才能引导企业成员有效执行，并将 6S 管理融入成员及企业的"血液"当中。具体而言，本章将从 6S 活动标准、执行评判标准和推行管理制度 3 个主要方面来介绍。

4.1　如何制定 6S 活动标准

4.1.1　制定标准的原则

6S 管理活动的核心在于过程，而非结果。企业始终要注重对 6S 活动过程的控制和督导，遵循 6S 管理的推行步骤，牢牢把控过程的质量，而这也必然会为企业带来高质量的结果。

因此，企业必须制定 6S 活动标准，并对 6S 活动进行常规检查，从而实现对过程的控制和督导。

在制定 6S 活动标准时，企业必须遵循 4 个原则。

① 宣传简单化

有效的 6S 管理离不开相应的宣传教育，但过度的宣传则可能使 6S 管理流于表面，使得 6S 管理无法持续进行。

② 工作常态化

6S 活动必须与日常工作融合在一起。因此，在制定 6S 标准时，企业可以将其融入员工的日常工作考核，但切忌专门进行 6S 考核或举办"6S 活动周""6S 活动月"等活动。

③ 结果可验证

如果缺乏有效的结果检测，企业就无法对 6S 活动进行检查，也就难以对过程进行有效控制。在制定 6S 活动标准时，必须确保结果可以验证，避免出现含糊不清的标准。

④ 考核配奖惩

既然有考核标准，就应当设计相应的奖惩标准，这也是 6S 管理不断前行的动力来源。只有惩罚而没有奖励的 6S 活动，也难以赢得员工的认可，更无法实现全员参与。

4.1.2　公司6S执行标准

对6S活动的执行效果，企业必须要制定完善的检查标准，具体应当包括典型活动和执行标准。

在6S执行标准中，企业可以拍下合适的照片作为标准照片。标准照片也应随环境转变或标准的修改而及时更新。

1. 整理（Seiri）

在整理（Seiri）环节，其典型活动及执行标准如下。

（1）扔掉不需要的东西或将其运回仓库（如一年内没有用过的物品）。其执行标准如表4-1-1所示。

表4-1-1　扔掉不需要的东西或将其运回仓库执行标准

序号	内容	备注
1	处理过期的文件、食物、药物、破损无用物品、机械/仪器设备、空化工容器等	—
2	将余料或区域内不常用的物品运回仓库，处理坏料	—

（2）3R：环保回收（Recycle）、循环利用（Reuse）及节能降耗（Reduce）（如减少纸张及水、电用量）。其执行标准如表4-1-2所示。

表4-1-2　3R执行标准

序号	内容	备注
1	垃圾分类存放	如化工类、塑料类、纸类等
2	设立环保纸箱	—
3	申领文具实行以旧换新	—
4	制定节能降耗计划	—

（3）需要的物品，按使用频率进行存放。其执行标准如下。

所需要的物品均应定位分类存放，如工具类、仪器/机器类、文件类、文具类、物料、零配件等，并将其按经常用、短期用、较长时间用的类别分开摆放。

（4）工作区域的私人物品减至最少并集中存放。其执行标准如下。

在工作区域尽量减少私人物品的数量，并且应集中统一整齐存放（如杯子、衣服、雨伞、鞋等）。

（5）处理脏乱、泄漏和损坏情况，并消除其根源。其执行标准如表 4-1-3 所示。

表 4-1-3　处理脏乱、泄漏和损坏情况执行标准

序号	内容	备注
1	维修时应挂出"正在维修"的牌子，并保全相关记录	—
2	待维修的地方应挂出"待维修"的牌子，并展示预计维修完成日期	—
3	及时处理好区域内脏乱、泄漏和损坏的情况	—

（6）工作用的物品应合理分配和利用（如一套工具／一套文具／一张表格等）。其执行标准如表 4-1-4 所示。

表 4-1-4　工作用物品分配和利用执行标准

序号	内容	备注
1	每位职员应有一套适用的文具	—
2	每位修理工应有一套适用的工具	—
3	实施一换一制度	—

（7）1 小时会议（精简发言）。其执行标准如下。

① 每天早会控制在 10 分钟以内。

② 严格执行会议守则（准备议程、准时开会、关掉手机、发言精简、准时结束）。

（8）物料或文件（包括计算机档案）集中存放。其执行标准如下。

文件、记录、文具、工具、物料、食物等均须分类、集中存放。

2. 整顿（Seiton）

在整顿（Seiton）环节，其典型活动及执行标准如表 4-1-5
所示。

表 4-1-5　整顿（Seiton）环节典型活动及执行标准

序号	典型活动	执行标准	备注
1	所有物品都有一个清楚的标识和存放位置	所有的机械、仪器、物料、成品均有名称及完整的标识，标识上注明放置地点	—
2	每个划分的区域均有负责人标识	每个分区都有负责人标识，每个员工都有负责的区域	—
3	文件、物料、工具等使用合适的容器存放，整齐放置	存放的文件、记录、工具、物料、成品、文具等应用适宜的容器存放	—
4	文件和物品的存盘标准和控制总表	文件、记录、资料应制定存盘标准（按时间先后、型号、文件编号等）及控制总表	包括物品的最大、最少量
		物料、半成品贮存标准及控制总表	
5	先进先出原则的安排	物料、产品的进出应按先进先出原则进行	—
		应有有效期标记	
6	各区域划出分区地线和指引牌	各种区域使用颜色地线划分出来，并标识出区域属性及责任人	—
7	整洁、明确、易懂的通告板和通告	通告板上应有分类标题（如行政通告、内部通告、各部门通告和进度等），相关负责人应及时清除过期通告	有大标题和分区，及时清除过期通告
8	在 30 秒内可取出和放回文件及物品	文件、记录集中存放并用彩色斜线分类标识（见图 4-1-1），使员工能够在 30 秒内取用或存放	—

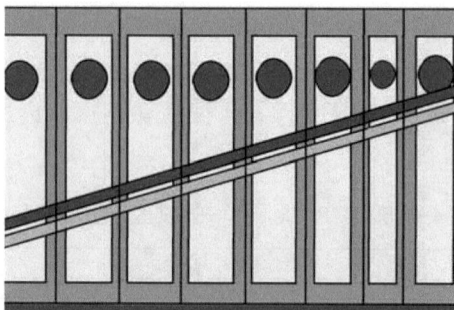

图 4-1-1　斜线分类标准照片

3. 清扫（Seiso）

在清扫（Seiso）环节，其典型活动及执行标准如表 4-1-6 所示。

表 4-1-6　清扫（Seiso）环节典型活动及执行标准

序号	典型活动	执行标准	备注
1	个人清扫责任的划分及执行	每个员工清理自己的工作范围及负责区域	包括高层人员
2	使清扫和检查更容易	所有通道和公共区域均应保持清洁、顺畅	如铺有地砖则应离地 15 厘米
		所有电线或拖板应在离地约 33 厘米处装置	
		尽量使清洁作业机械化，如使用吸尘 / 吸水机、洗地机等	
3	清扫那些很少注意到的隐蔽地方	注意清扫隐蔽的地方，如风扇叶、柜顶 / 底 / 内 / 侧、角落、机器下面、风槽顶、灯管顶等	——
4	地面和整体环境保持整洁、明亮	各区域负责人应确保本区域内垃圾、污渍、等清扫干净	——

4. 清洁（Seiketsu）

在清洁（Seiketsu）环节，其典型活动及执行标准如表 4-1-7 所示。

表4-1-7　清洁（Seiketsu）环节典型活动及执行标准

序号	典型活动	执行标准	备注
1	保持透明度	各部门应尽量使用透明盖/门的柜子存放物品、文件、工具	如能够一眼看透的玻璃门/盖
		如是木质或铁质的盖/门，应在门外标识清楚，并配置相应的照片，明确责任人	
2	在现场采用直线及直角式的布置，保持通道通畅	办公桌、工作台的布置以直线、直角式为主	增加空间和减少碰撞
		物料存放以直线、直角式为主，标识朝外	
3	现场工作指引和"已检查合格"的标识	生产/作业现场应有有效的工作指引	—
		仪器及设备，如烙铁（温度）、电批（力度）等均应符合现场指引要求	
		物料、成品的状态有明确标识	
4	电掣功能、控制范围标识及电线的整理	各类电线、电话线等应分类扎好，不交叉凌乱	包括离地
		对各个开关的控制范围要进行明确标识	
5	节省能源方法	下班时应将空调、电灯、计算机、风扇等电器的电源关闭	—
		设定合适的空调温度指针，例如，将空调温度统一设定在24摄氏度，当室温低于24摄氏度时，空调将无法启动	
		张贴相关的标识	
6	通道、管道等的方向标识及颜色区分	通道方向要标记	—
		管道以颜色管理、分区	
		电掣有荧光开关标识	
7	颜色和视觉管理	文件用不同颜色进行分类标识	纸、文件匣、铭牌、柜子等
		危险标识、消防设施/通道等安全标识统一使用红色	

续表

序号	典型活动	执行标准	备注
8	在平面图和现场上加上 6S 和工作责任标识	各部门将 6S 管理划分的责任区域形成平面图，并张贴于部门内明显位置	—
9	防止噪声、震动和危险情况并消除隐患	定期检查及保养仪器和设备，如有超标应及时改善	
		定期检查安全设施及安全隐患	
10	清晰的部门 / 办公室的标识、铭牌和工作证	各部门、各办公室、各职位均应有清晰的铭牌	—
		每个人均应按规定佩戴工作证	
11	防止出错的方法	挂工具的墙或木板上有线条显示，并标识清楚	—
		固定摆放物品的位置均须以图标 / 照片显示	

5. 素养（Shitsuke）

在素养（Shitsuke）环节，其典型活动及执行标准如表 4-1-8 所示。

表 4-1-8　素养（Shitsuke）环节典型活动及执行标准

序号	典型活动	执行标准	备注
1	履行自己的职责	遵守厂纪厂规、员工守则	—
		履行个人工作职责	
2	每天收工之前 5 分钟进行 6S 活动	每人每天收工之前 5 分钟均须按"个人 6S 检查表"（个人自定 5 ~ 10 条内容）执行 6S 活动	自己制作执行内容表
3	组织架构和服务宗旨放在入口明显位置	每个部门都有最新组织架构图	—
		每个部门都有公司管理方针和部门目标	

6. 安全（Safety）

在安全（Safety）环节，其典型活动及执行标准如表 4-1-9

所示。

表4-1-9 安全（Safety）环节典型活动及执行标准

序号	典型活动	执行标准	备注
1	处理紧急情况的培训	急救药箱内有药物，且配置符合规定	如火警、化学品泄漏、急救等
		每个部门均定期（如每半年）进行急救、逃生、救火等知识培训	
		定期举行消防、防台风、防水灾、防化学品泄漏的演习，并以图文并茂的形式设专栏进行宣传	
		逃生门处均应配置开启的工具和钥匙	
		定期检查消防设备	
2	穿戴安全衣／安全帽／手套／鞋／吊带／眼罩／耳塞等防护用品	取用及贮存化学药品应遵守相关文件规定	—
		喷油、浸锡、打磨时应戴防护手套、口罩和眼镜	
		使用的静电带、烙铁、电批等均应经检测合格并符合指引要求	
3	"紧急出口"标识和火灾逃生指示图	每个出口处均有"紧急出口"标识	—
		每个区域均有"逃生图"张贴于出口／入口的明显位置，图中应指出张贴处的具体位置	
4	"危险"牌、警告灯、报警器、灭火器及其他安全设施	消防设施处应用红色标识	—
		危险品处应有相应警示标语	
		消防／安全设施处及其通道不能存放任何物品	
		消防／安全设施定期检查，并有安全使用指引	

　　6S活动涉及企业经营管理的方方面面。因此，公司在制定6S执行标准时，也应尽量详细，并配以标准照片，以便于成员在日常工作中执行，这也是6S活动检查的基础。

4.1.3 生产区域6S活动标准

　　生产区域是6S活动的核心区域，企业应当针对生产区域制定严格的活动标准，具体内容如表 4-1-10 所示。

表4-1-10　生产区域6S活动标准

项目	标准	备注
整理 （Seiri）	1. 工作区域物品摆放应有整体感	—
	2. 物料按使用频率分类存放	—
	3. 3天及3天以上未使用的物品不应摆在工作台上	—
	4. 设备、工作台、清洁用具、垃圾桶、工具柜应在指定的场所，按水平直角放置	—
	5. 良品、不良品、半成品、成品要规划区域摆放与操作，并标识清楚	良品区用黄色，不良品区用红色
	6. 周转车要扶手朝外整齐摆放	—
	7. 呆滞物料要定期清除	—
	8. 工作台上的工具、模具、设备、仪器等不用物品须清除	—
	9. 生产线上不应放置多余物品，不应掉落物料、零料	—
	10. 地面不能直接放置成品、零件，不应有掉落的零部件	包括半成品
	11. 私人物品应放置在指定区域内	—
	12. 茶杯应放在茶杯架上	—
	13. 电源线不应杂乱无章地散放在地上，应扎好后规范放置	—
	14. 脚踏开关电线应从机器尾端引出，开关应定位管理	—
	15. 按货期先后分"当天货期、隔天货期、隔两天以上货期"3个产品区摆放	—
	16. 没有投入使用的工具、工装、刃物等应放在物品架上	—
	17. 测量仪器的放置处应无其他物品	—
	18. 绕线机放置处除设备纤维管、剪刀外，不应放置其他物品	—
	19. 包带机放置处除设备、剪刀、润滑油外，不应放置其他物品	—

项目	标准	备注
整顿 （Section）	1. 各区域要做区域标识画线	线宽：主通道12厘米，其他8厘米
	2. 各种筐、架的放置处要有明确标识	标识为黄白色，统一外印
	3. 所有物品、产品要有标识，做到一目了然	—
	4. 各区域要制定定位管理总图并注明责任人	—
	5. 不良品放置场地应用红色予以区分	—
	6. 消防器材前应用红色斑马线予以区分	—
	7. 卫生间应配以图像标识	—
	8. 物品摆放应整齐、垂直放置，且须与定位图吻合	—
	9. 标识牌、作业指导书应统一纸张及高度，水平直角粘贴	—
	10. 宣传白板、公布栏内容应适时更新	—
	11. 下班后，椅子应归到工作台下，与台面水平直角放置	—
	12. 清洁用具用完后，应放入指定场所	—
	13. 不允许放置物品的地方要有标识	通道除外
	14. 产品、零件不得直接放置在地面	—
	15. 固定资产应有资产标识、编号及台账管理	—
	16. 物品应按使用频率放置，使用频率越高的放置越近	—
	17. 工装、夹具应按类别成套放置	—
	18. 成品摆放高度为：普通包装方式1.3米，安全包装方式1.5米	—
	19. 橡胶筐纸板应在规定区域摆放，定时处理	—
	20. 设备、机器、仪表、仪器要求定期保养维护、标识清楚，且有记录	—
	21. 图纸、作业指导书、标语、标识应为最新有效版本	—
	22. 易燃易爆危险品要在专门地点存放并标识，旁边应配有灭火器	—

续表

项目	标准	备注
清扫 （Seiso）	1. 地面应保持无碎屑、废包装袋、废聚酯薄膜等其他杂物	—
	2. 地面应每天打扫并在 6S 日进行大扫除	—
	3. 墙壁应保持干净，不应有胡乱贴纸、刻画等现象	—
	4. 机器设备、工具、计算机、风扇、灯管、排气扇、办公桌、周转车等应经常擦拭，保持清洁	—
	5. 浸洪、环氧地面应定期清理	—
	6. 食堂、物料库屋顶应定期清理	—
	7. 花草要定期修剪、施肥	—
清洁 （Seiketsu）	1. 垃圾筐内垃圾应保持在垃圾筐容量的 3/4 以下	—
	2. 有价废料应每天回收	—
	3. 工作台、文件夹、工具柜、货架、门窗应保持无损坏、无油污	—
	4. 地面应定时清扫，保持无油渍	—
	5. 清洁用具保持干净	—
	6. 卫生间应定时刷洗	—
	7. 共同餐具应定时消毒	—
素养 （Shitsuke）	1. 坚持班前会，学习礼貌用语并进行记录	—
	2. 每天坚持做 6S 工作，进行内部 6S 不良状况诊断	—
	3. 注意仪容、仪表，穿着制服、佩戴工牌上班	—
	4. 遵守厂纪厂规，不做与工作无关的事	—
	5. 按时上下班、不早退、不迟到、不旷工	—
	6. 吸烟到规定场所，不在作业区吸烟	—
	7. 打卡、吃饭自觉排队，不插队	—
	8. 不随地吐痰，不随便乱扔垃圾，看见垃圾立即拾起放好	—
	9. 上班不闲聊、呆坐、吃东西，离开工作岗位时佩戴离岗证	—
	10. 保持个人卫生	—
	11. 按作业指导书操作，避免出现质量差错	—

项目	标准	备注
安全 （Safety）	1. 不应乱搭线路	—
	2. 特殊岗位持上岗证操作	—
	3. 电源开关及线路应保持无破损	—
	4. 灭火器要保持在有效期内，方便易取	—

4.1.4 办公区 6S 活动标准

在 6S 管理的推行过程中，其重心不仅在于生产区域，也包括办公区域。对此，企业也应制定办公区的 6S 活动标准，如表 4-1-11 所示。

表 4-1-11 办公区 6S 活动标准

项目	标准
整理 （Seiri）	1. 办公室物品要水平或竖直放置，不得出现凌乱现象
	2. 除每日必需品外，其他物品不应存放在办公台上
	3. 办公桌下除个人垃圾桶外不得放其他任何物品
	4. 垃圾桶（公用）及清洁用具须规划出摆放区域
	5. 办公室每张办公桌上都有一套相同的办公文具，不能共用
	6. 茶杯、烟灰缸不应放置于办公桌上
	7. 办公台面应保持干净，抽屉里面不应杂乱无章
	8. 过期文件要及时处理
	9. 文件、资料要分类，水平或竖直摆放于文件柜或办公桌上
整顿 （Seiton）	1. 制作物品摆放定置管理图，并标注物品责任人
	2. 文件、资料等应使用标识，定置管理
	3. 需要的文件、资料能在 10 秒内找到
	4. 茶杯应放在指定的茶杯架上

项目	标准
整顿 （Seiton）	5. 办公抽屉应按办公用品资料、文件样品、生活用品等类别进行归类、区分摆放，且做好标识
	6. 垃圾桶、清洁用品应放在指定场所
	7. 人员离开办公桌时，应将办公椅推至桌下，并使其紧挨办公桌平行放置
	8. 电源插头应保持干净且用不干胶贴纸进行标识
	9. 电话、台历应划定位线
	10. 网线、电话线应束起来，不得凌乱
	11. 标语、挂图等应保持有效版本
	12. 墙上文件夹应按大小统一归类挂置，且须做目录
	13. 跟踪卡、图纸等应指定摆放区域，定位放置
	14. 文件柜应用标识标明柜内物品及负责人
清扫 （Seiso）	1. 地面应保持无灰尘、碎屑、纸屑等杂物
	2. 墙角、地板、计算机、空调、墙壁、天花板、排气扇、办公用品等要定期维护，保持干净
	3. 办公桌面、抽屉、文件柜应保持整齐
	4. 垃圾桶内的垃圾不应超过垃圾桶容量的 3/4
	5. 白板应定期进行整理，保持干净
清洁 （Seiketsu）	1. 文具及办公用品应保持清洁并无破损，文件无掉页，标识清楚，封面清洁
	2. 工作鞋、工作服应整齐干净
	3. 地面、墙壁等无脏印、无灰尘
	4. 清洁用具、垃圾桶应保持干净
	5. 整理、整顿、清扫应规范化、习惯化，管理人员能督导部署，部署能自发工作
素养 （Shitsuke）	1. 坚持开班前会，学习礼貌用语并进行记录
	2. 每天坚持做 6S 工作，进行内部 6S 不良状况诊断
	3. 注意仪容仪表，按规定穿着制服、佩戴工牌上班

项目	标准
素养 （Shitsuke）	4. 遵守厂纪厂规，不做与工作无关的事
	5. 按时上下班、不早退、不迟到、不旷工
	6. 吸烟到规定场所，不在办公室吸烟
	7. 保持个人卫生
	8. 人员仪容端正、精神饱满、工作认真
	9. 下班后须关闭所有用电设备、器件的电源
安全 （Safety）	1. 不应乱搭线路
	2. 电源开关及线路无破损
	3. 空调使用有专人负责

4.1.5　仓库6S活动标准

在6S管理的推行过程中，其重心不仅在于生产区域，也包括仓库。对此，企业也应制定仓库的6S活动标准，如表4-1-12所示。

表4-1-12　仓库6S活动标准

项目	活动标准
整理 （Seiri）	1. 呆滞物料应按规定日期申报处理
	2. 报废物品、有价废料应定期处理
	3. 漆包线、卷线应按规格、型号、产地、购进时间等分类贮存
	4. 引线、标签等物品应存放在便于查找的位置
	5. 纸箱、泡沫箱等材料应摆放整齐，剩余的纸隔板应定期处理
	6. 客供物料应有专门区域存放
	7. 通道应畅通，整体应整洁有序
	8. 文件、单据应分类按序摆放
	9. 垃圾桶、清洁用具应按规划区域摆放

续表

项目	活动标准
整理 （Seiri）	10. 待检品、呆滞物料、报废品、废料分区域放置
	11. 退货产品与合格产品应分区摆放
	12. 退货产品与退货附件应定期处理
整顿 （Seiton）	1. 设置物品摆放定置管理图，并标明责任人
	2. 产品、物料分类摆放并有标识，且物、账应一致
	3. 物品应设置最高库存量与最低库存量
	4. 主料、辅料、杂料、包装材料、危险物品应分开定位放置
	5. 账、卡、物应一致，卡应悬挂在物品放置处
	6. 环氧树脂、氧气、氨气、油类等易燃、易爆危险品应放在特定场所
	7. 对一时无法存放于库房的物料，应设置"暂放"标牌
	8. 物料存放区域的存放点应符合定置图要求
	9. 产品物料直列放置不应超过 1.5 米（纸箱、泡沫板除外）
	10. 常用物料应便于领用和存放
	11. 物料应按"分类储存管理"储存
	12. 进出仓记录应按规定要求操作
清扫 （Seiso）	1. 材料不应有脏污或灰尘
	2. 墙壁、天花板应保持干净，地面应保持无灰尘、纸屑、水渍
	3. 计算机、电话机、电风扇、灯管、物料等表面应无灰尘
清洁 （Seiketsu）	1. 安全防火工作应落实，通道应划分界线，感觉舒畅
	2. 物品摆放应整齐有条理、不脏乱
	3. 整理、整顿、清扫应制度化、习惯化
	4. 抽屉不应杂乱，下班时，办公桌上应保持整洁
素养 （Shitsuke）	1. 坚持班前会，学习礼貌用语并进行记录
	2. 每天坚持做 6S 工作，进行内部 6S 不良状况诊断

项目	活动标准
素养 （Shitsuke）	3. 注意仪容、仪表，按规定穿着制服、佩戴工牌上班
	4. 遵守厂纪厂规，不做与工作无关的事
	5. 按时上下班、不早退、不迟到、不旷工
	6. 吸烟到规定场所，不在作业区吸烟
	7. 打卡、吃饭自觉排队，不插队
	8. 不随地吐痰，不随便乱扔垃圾，看见垃圾立即拾起丢进垃圾桶内
	9. 上班不闲聊、呆坐、吃东西，离开工作岗位时佩戴离岗证
	10. 保持个人卫生
	11. 按作业指导书操作，避免出现质量差错
安全 （Safety）	1. 不应乱搭线路
	2. 特殊岗位持上岗证操作
	3. 电源开关及线路保持无破损
	4. 灭火器在有效期内，方便易取
	5. 消防通道够宽、无堵塞

4.1.6　生产现场定置标准

定置是生产现场 6S 管理的重要内容。因此，企业需要针对生产现场的不同区域和物品，制定生产现场的定置标准。

一般而言，生产现场主要包括通道标识、区域划分等 11 项内容。

1. 通道标识

通道标识的定置标准，主要如表 4-1-13 所示。

表4-1-13　通道标识

类别	通道宽度	通道线			区域形成方式	转弯半径
		颜色	宽度	线型		
主通道	4~6 米	黄色	100 毫米	实线	以主大门中心线为轴线对称分布	4000 毫米
一般通道	2.8~4 米	黄色	100 毫米	实线	以通道最窄处中垂线为对称分布线	3000 毫米
人行道	1~2 米	黄色	100 毫米	实线	—	—
通道口、危险区	间隔等线宽	黄色	100 毫米	斑马线	—	—

2. 区域划分

对叉车、电瓶车等物流车辆，要划定停放区域线（线宽为 50 毫米的黄色实线），停放应不影响交通和厂容，具体如表4-1-14 所示。

表4-1-14　相关区域划分标识

类别	区域线			标识牌	字体
	颜色	宽度	线型		
待检区	蓝色	50 毫米	实线	蓝色	白色，黑体
待判区	白色	50 毫米	实线	白色	黑色，黑体
良品区	绿色	50 毫米	实线	绿色	白色，黑体
不良品区、返修区	黄色	50 毫米	实线	黄色	白色，黑体
废品区	红色	50 毫米	实线	红色	白色，黑体
工位器具定置点	黄色	50 毫米	实线	—	—
物品临时存放区	黄色	50 毫米	虚线	—	"临时存放"字样

3. 工位器具

（1）工位器具按定置管理图的要求摆放，配备规格、数量符合要求。

（2）塑料制品工位器具（如托盘等），颜色一律使用蓝色；金属制品工位器具，颜色一律使用灰白色。

4. 工位上的物品

（1）工位上的物品要定置摆放（用形迹管理法）并尽可能进行标识。

（2）工具箱内的物品定位放置（用形迹管理法），且只能放置与生产有关的物品。箱门背面要有物品清单，清单一律贴在门的左上角。

（3）工位上的各种图表、操作卡等文件规格统一，必须定置悬挂。

5. 零件及制品

对小型零件及在制品，用规定的工位器具存放，并定量、定位整齐摆放，不落地；对大型零件及成品，按规定位置、标高整齐摆放，达到过目知数。

6. 库房

必须有定置管理图，有 A、B、C 类重点管理清单，器具按零件配置并且定置摆放。零件及物品定箱、定量、定位存放，摆放整齐。

7. 消防器具

现场消防器具按要求定点摆放，定期检查，保持清洁，状态完好。

8. 垃圾存放与处理

（1）生产现场划分：工业垃圾与生活垃圾。工业垃圾用黄色料箱（桶）摆放，生活垃圾用蓝色或红色料箱（桶）摆放。

（2）厂区和办公区划分：不可回收垃圾和可回收垃圾。不可回收垃圾用黄色料箱（桶）摆放，可回收垃圾用绿色料箱（桶）摆放。

（3）垃圾要分类、定点存放，定时清运，不得外溢和积压。

9. 现场维修

现场维修时拆卸的零件要摆放整齐，完工后要及时清理场地，达到工完料净、场地清洁，保持现场原貌。

10. 标识牌

标识牌的要求如表 4-1-15 所示。

表 4-1-15　标识牌要求

区域		标牌标准
生产线名称		垂直于主通道吊设灯箱，规格：1200 毫米 ×600 毫米 ×200 毫米；版面内容：上半部为公司标志（字体为红色）和车间、班组代号（字体为黑体）；下半部为生产线名称（中、英文），红底白字（字体为黑体），双面显示；上下部比例为 2：3
检验区	待检区	蓝色标识牌
	待判区	白色标识牌
	良品区	绿色标识牌
	不良品区、返修区	黄色标识牌
	废品区	红色标识牌
工序（工位）标识牌		规格：400 毫米 ×180 毫米；材料：金属或塑料；版面：蓝底白字，悬挂放置
设备状态标识牌		规格：200 毫米 ×150 毫米；材料：铝塑或泡沫；版面内容：上半部为"设备状态标识"名称（蓝底白字），下半部为圆，直径 130 毫米，内容为正常运行（绿色）、停机保养（蓝色）、故障维修（红色）、停用设备（黄色）、封存设备（橙色），指针为铝质材料
消防器材目视板		规格：300 毫米 ×180 毫米；材料：铝塑或泡沫；版面内容：上半部为公司标识、消防器材目视板、编号字样，下半部为型号、数量、责任人、检查人字样和 140 毫米 ×100 毫米透明有机板
关键工序		规格：400 毫米 ×300 毫米；材料：铝塑或泡沫；版面内容：上部为关键工序名称字样，中部为关键工序编号字样，下部为"关键工序"字样，黄底蓝字，字体为黑体

检验区行的"所有标识牌规格均为 300 毫米 ×210 毫米 ×1.5 毫米，涂漆成相应颜色，落地放置，标识牌上的文字一律用白色（待判区除外，用黑色），字体为黑体"

区域		标牌标准
警示牌	小心叉车（在通道拐弯处）、限高、禁止攀越等警示牌	规格：600毫米×300毫米；材料：金属或塑料；版面：白底蓝字、蓝图案，悬挂放置
	出口、安全出口标识牌	规格：600毫米×300毫米；材料：白塑料板；版面：白底绿字、绿图案，悬挂放置
	广角镜（广视镜）	在通道转弯处，悬吊不锈钢半球，球面半径为1500毫米
穿戴劳保用品、防护用具等标识牌		规格：300毫米×300毫米；材料：铁板；版面：白底蓝图案，悬挂放置
立柱标识		字符标高4米，四面涂刷，上部字母高300毫米，下面数字高300毫米，蓝色，字体为黑体
办公室及库房标识		规格：300毫米×80毫米；材料：金属或铝塑；版面：上半部为公司标识和部门名称，下半部为科室或库房名称，悬挂放置于门的右上侧

11. 工作角

（1）工作角构成

长方形桌（规格为1200毫米×600毫米×800毫米或1800毫米×600毫米×800毫米）、圆形凳（两连体或三连体）、工具柜、急救箱、目视板。

（2）构成物颜色

长方形桌的桌面铺绿色橡胶板或灰白色长条桌；工具柜、急救箱、目视板为灰白色；圆形凳为蓝色。

4.1.7 工具柜管理标准

在6S活动中，工具柜是不可忽视的一个区域。有效的工具柜管理，能够实现准时、准确、高效的物品存取，而其重点就在于工具、零部件的定置管理。

工具柜管理标准具体包括如下内容。

（1）各部门必须按规定流程申请制作（购买）工具柜，充分利用工具柜的空间，现场不得摆放多余的工具柜和利用率低的工具柜，否则 6S 管理推行委员会将其强制收回。

（2）工具柜必须定置摆放，工具柜内的物品也必须分类并定置摆放。

（3）做好工具柜的标识。

①工具柜表面贴标签，标签一律贴在门正面的左上角。

②工具柜内贴有"物品清单"，一律贴在门背面的左上角。

（4）工具柜内物品必须按"物品清单"摆放整齐，不允许混乱摆放。

（5）工具柜内工具必须进行"行迹管理"。

（6）工具柜表面及柜内保持干净，无油污、无脏物、无垃圾等。

（7）工位器具组在制作新工具柜时，柜门应运用"透明化"管理，未实行"透明化"管理的工具柜，各使用部门应对其进行改造。

（8）工具柜损坏或钥匙丢失，按规定程序申报维修，不得擅自撬动工具柜；故意损坏的，照价赔偿。

（9）各部门必须对工具柜进行编号，并建立工具柜管理台账。

（10）各部门每月月末必须组织对工具柜进行自查，将自查结果报告给 6S 管理推行委员会。

（11）6S 管理推行委员会不定期抽查，且每季度组织一次专项检查。

4.1.8　班组工作角管理标准

推行 6S 管理时，很多企业对班组工作角管理的理解就是"桌椅清洁、摆放整齐"，但这其实只是最基本的要求。班组工作角管理涉及工作角的每一个细节，具体包括以下内容。

（1）班组工作角必须进行定置与标识。

（2）桌椅必须整齐摆放，严禁在桌椅上乱写乱画。

（3）工作角必须保持干净、整洁，设施无破损，损坏及时维修。

（4）工作角的一些记录及文件必须按定置要求摆放。

（5）工作角文件柜、工具柜必须按定置要求摆放并进行标识。

（6）工作角及附近必须有早会定置线。

（7）每个班组必须按实际情况配置1～2块目视板。

（8）目视板至少要包括以下内容。

①在制品目前的状态。

②出勤和岗位轮岗情况。

③质量目标和实际值。

④改善（现场改善）活动。

⑤主要成本目标值和实际值。

⑥其他内容。各班组可视具体情况而定。

（9）目视内容必须与实际情况相符，并展示最新状态（及时更新）。

（10）严禁出现在工作角大声喧哗、吃零食、打瞌睡等不良行为。

（11）故意损坏公物的，照价赔偿。

（12）各部门必须有工作角物品清单。

（13）各部门必须每月对工作进行一次检查。

（14）6S管理推行委员会进行不定期检查，且每季度组织一次专项检查。

4.1.9　外部门物品临时存放管理标准

即使6S管理再好，企业也可能忽视外部门物品的临时存放管理。很多时候，企业会出现外部门物品丢失的情况，而直到几天之后才在某个角落发现。

因此，企业需制定外部门物品临时存放管理标准。

①需存放临时物品的部门必须填写"临时物品存放申请单"，经被存放部门领导（或现场管理员）同意后，方可存放。

②物品必须存放在被存放部门指定区域内。

③存放部门必须做好临时存放物品的定置、标识和 6S 管理工作。

④物品及人员要服从被存放部门的管理。

⑤物品存放超过申请存放期限，如需继续存放，必须再重新办理申请，经被存放部门同意后方可继续存放。

⑥被存放部门须负责临时存放物品的安全管理。

4.2　6S 活动执行评判标准

4.2.1　6S 活动达标评鉴标准

只有基于科学的 6S 达标评鉴，企业才能真正把握 6S 活动的效果，并据此进行改善和提升。因此，企业可以根据 6S 活动标准，制定 6S 活动达标评鉴标准，依据明确的达标准则，对 6S 活动进行评分，并以此作为评判依据。

关于 6S 活动达标评鉴标准的设计，有一个模板值得企业参考。

该 6S 管理达标标准共分为 22 个小项，评分标准总分值为 600 分。540 分（含）以上为一流 6S 管理水平，480 分（含）至 540 分为合格 6S 管理水平，480 分以下为不符合 6S 管理水平。

其具体内容如下。

1. 整理、整顿、清扫（3S）达标准则

这部分内容具体见表 4-2-1。

表 4-2-1 整理、整顿、清扫达标准则

项目	分值	准则细则		打分
		扣分分值	扣分标准	
1. 办公室物品和文件资料	30分（项目扣完30分即止）	发现下列情况之一，扣30分	①室内物品未实行定置管理，物品摆放杂乱，办公桌上下和抽屉内的物品过多，摆放无序	
			②文件资料未实行分类定置存放，有用与无用或长期不用与经常用的混放在一起，不易查找	
		每发现一例下列情况扣2~5分，扣完为止	①办公设施不整洁或损坏严重	
			②办公室内有与工作无关的物品	
			③文件夹无标识或文件夹内无文件目录清单	
			④导线未集束或杂乱无序	
			⑤文件柜内有过期、无用需销毁的文件	
			⑥办公桌上放置有非当日用的文件	
2. 办公区通道、门窗、地面、墙壁	20分（项目扣完20分即止）	发现下列情况之一者，扣20分	①门厅、通道或墙角摆放物品过多	
			②地面有烟头、纸屑、痰迹或其他杂物，很脏乱	
			③门窗、墙壁、地面、天花板破乱不堪	
		每发现一例下列情况扣2~4分，扣完为止	①室内、楼道、楼梯内光线不足，通风不好，有异味	
			②墙壁不整洁	
			③室内各种线不整齐或临时拉设明线	
			④门窗、墙壁、地面、天花板上有灰尘或污迹	
			⑤照明设施不亮	
			⑥乱贴乱挂不必要的东西	
			⑦没有挂处（科）室标牌，或标牌不统一，有破损	

项目	分值	准则细则		打分
		扣分分值	扣分标准	
3. 作业现场的设备、仪器、工装、工具和物料	30分（项目扣完30分即止）	发现下列情况之一，扣30分	①作业现场未实施定置管理，设备、仪器、工具等摆放杂乱	
			②长期不用（超过一个月）的物料杂乱摆放在现场	
			③废弃的设备、仪器、工装、工具杂乱摆放在现场	
			④作业现场设备油、液的跑、冒、滴、漏、飞溅问题严重，造成地面大面积脏污	
		每发现一例下列情况扣2～5分，扣完为止	①作业现场有设备油、液的跑、冒、滴、漏、飞溅等问题，以及粉尘、飞屑、喷雾等	
			②设备、仪器脏乱，维护保养不及时	
			③工装、工具检查校准不及时	
			④工具箱内的工具数量过多	
			⑤现场有废弃的设备、仪器、工装、工具	
			⑥物料摆放时间过长	
4. 作业现场的通道和地面画线	20分（项目扣完20分即止）	发现下列情况之一，扣20分	①通道与作业面没有画线区分功能	
			②通道上摆放很多东西，不畅通，或严重不平整	
			③通道脏乱，有烟头、纸屑、金属屑、油、水或其他杂物	
		每发现一例下列情况扣2～4分，扣完为止	①画线不清楚，或不统一	
			②通道不平整	
			③可移动设备没有画线定置	
			④物品摆放超出画线	

项目	分值	准则细则		打分
		扣分分值	扣分标准	
5. 作业现场的地面、门窗、墙壁	30 分（项目扣完 30 分即止）	发现下列情况之一，扣 30 分	① 地面严重破损、不平整	
			② 地面脏乱，有烟头、纸屑、金属屑、油、水或其他杂物	
			③ 门窗、墙壁、地面、天花板破乱不堪	
			④ 管、线锈蚀、脏污、布置凌乱或有临时拉设的明线	
		每发现一例下列情况扣 2～5 分，扣完为止	① 地面有油污、水渍等	
			② 乱挂乱贴不必要的东西	
			③ 管、线有灰尘、污垢	
			④ 地面不平整	
			⑤ 门窗、墙壁、地面、天花板上有灰尘或污迹	
			⑥ 光线不足或空气污浊	
			⑦ 废弃管线未及时清除，局部凌乱	
6. 作业现场的产品	30 分（项目扣完 30 分即止）	发现下列情况之一，扣 30 分	① 不合格品未与合格品隔离，废品未及时清理出现场，混杂放置，未做标识	
			② 产品落地放置，没有防护措施	
		每发现一例下列情况扣 2～5 分，扣完为止	① 不合格品有标识，但未及时与合格品隔离	
			② 标识不清楚	
7. 作业现场的文件和记录	20 分（项目扣完 20 分即止）	发现下列情况之一，扣 20 分	① 现场使用的文件和记录很脏，破损严重，随意放置	
			② 过期的文件和正在使用的文件混杂在一起	
			③ 不按规定填写记录	

项目	分值	准则细则		打分
		扣分分值	扣分标准	
7. 作业现场的文件和记录	20分（项目扣完20分即止）	每发现一例下列情况扣2～4分，扣完为止	①现场有过期不使用的文件	
			②现场使用的文件和记录有破损	
			③记录填写不全或随意涂改	
8. 库房和储物间	30分（项目扣完30分即止）	发现下列情况之一，扣30分	①未实施定置管理，物品无序摆放	
			②通道摆满物品，人不易行走	
			③合格品与不合格品没有标识，混放在一起	
			④没有定期打扫，很脏乱	
		每发现一例下列情况扣2～5分，扣完为止	①账、物、卡不相符	
			②合格品与不合格品未严格隔离	
			③温度、湿度不符合要求	
			④标识不清楚	
			⑤物品摆放不整齐	
			⑥库房和储物间内灰尘多	
9. 公共设施	20分（项目扣完20分即止）	发现下列情况之一，扣20分	①设备损坏，不能使用，或水箱、水龙头关不上，长时间流水	
			②公共设施环境卫生无专人负责，脏乱不堪，异味刺鼻	
			③垃圾到处堆放	
		每发现一例下列情况扣2～4分，扣完为止	①地面有污水、污物，地面湿滑	
			②门窗、墙壁及管道不整洁	
			③垃圾散落在垃圾箱外	
			④门窗、墙壁上有乱画乱写问题	

续表

项目	分值	准则细则		打分
		扣分分值	扣分标准	
10.厂（所）区建筑物和物料	30分（项目扣完30分即止）	发现下列情况之一，扣30分	① 建筑物破旧，没有修缮和粉刷	
			② 建筑物外面有长期无序堆放的物料或工业垃圾	
		每发现一例下列情况扣2～5分，扣完为止	① 建筑物不符合企业视觉系统要求	
			② 建筑物外临时堆放有物料或工业垃圾	
			③ 建筑物外违规搭建棚、库	
			④ 建筑物存在残破失修	
			⑤ 建筑物色彩不协调	
11.厂（所）区道路和车辆	30分（项目扣完30分即止）	发现下列情况之一，扣30分	① 道路破损失修，很不平整	
			② 非机动车和摩托车等停放在厂房（办公楼）内或通道上	
			③ 道路上堆放物料	
			④ 厂（所）区内违章行车发生事故	
			⑤ 机动车辆车况差，带故障行车	
		每发现一例下列情况扣2～5分，扣完为止	① 车辆停放在道路上或其他非规定的地点	
			② 厂（所）区内违章行车	
			③ 客货车车辆破旧，门窗不完好，或车内地面、座椅、靠垫不整洁	
			④ 厂（所)区内无交通标识牌和标线，或标识牌、标线不清楚	
			⑤ 路灯不亮	
			⑥ 车棚内有未清理的破旧自行车	
			⑦ 车棚打扫不干净，自行车摆放无序或超出车棚	

项目	分值	准则细则		打分
		扣分分值	扣分标准	
12. 厂（所）区绿化和卫生	30分（项目扣完30分即止）	发现下列情况之一，扣30分	① 没有统一的厂（所）区绿化规划，绿化面积未达到可绿化面积的60%	
			② 厂（所）区卫生无专人打扫，绿地无人养护，杂草丛生，路面脏乱	
			③ 污染物排放量严重超过环保标准，受到当地环保部门的处罚	
		每发现一例下列情况扣2～5分，扣完为止	① 清扫不及时，道路、地面上和草地角落、树木丛中有废弃物	
			② 道路两旁有裸露土地	
			③ 有枯死的花草树木	
			④ 绿化面积未达到可绿化面积的90%	
13. 厂（所）区标识系统	20分（项目扣完20分即止）	发现下列情况之一，扣20分	厂所区无任何企业标识系统的内容	
		每发现一例下列情况扣2～4分，扣完为止	① 厂所服无企业标识	
			② 建筑物、文件或信笺等无企业标识	
			③ 宣传物无企业标识	
			④ 产品包装不符合要求	
14. 厂（所）区文化氛围	20分（项目扣完20分即止）	发现下列情况之一，扣20分	① 对体现企业使命、发展方针、企业精神、核心价值观、企业作风、质量观等企业理念的标语没有按规定要求进行张贴、悬挂	
			② 对企业文化和质量标准未进行宣传、贯彻	
		每发现一例下列情况扣2～4分，扣完为止	① 悬挂的标语有破损之处	
			② 宣传形式单一	
			③ 有关人员不了解企业文化和质量标准	

2. 清洁（Seiketsu）达标准则

这部分内容具体见表 4-2-2。

表 4-2-2　清洁达标准则

项目	分值	准则细则		打分
		扣分分值	扣分标准	
1. 办公室和作业现场规范	40分（项目扣完40分即止）	发现下列情况之一，扣40分	① 对整理、整顿、清扫的结果未形成规章制度	
			② 没有制定 6S 检查、考核和奖惩的制度	
		每发现一例下列情况扣2~5分，扣完为止	① 规章制度有不完善之处	
			② 没有规章制度执行情况的检查、考核记录	
			③ 责任有不落实到人之处	
2. 安全生产作业规范	30分（项目扣完30分即止）	发现下列情况之一，扣30分	① 没有制定安全生产管理制度	
			② 没有建立安全生产责任制	
			③ 没有建立安全生产管理组织机构	
		每发现一例下列情况扣2~5分，扣完为止	① 安全生产管理制度有不完善之处	
			② 安全生产责任制未层层落实	
			③ 安全生产管理组织机构不健全	
			④ 员工操作时违反安全生产操作规程和制度	
			⑤ 未按规定及时对安全生产进行监督检查	
3.6S 培训	20分（项目扣完20分即止）	发现下列情况之一，扣20分	① 对员工的 6S 培训未形成制度	
			②6S 培训没有培训计划，未进行必要的培训	
		每发现一例下列情况扣2~4分，扣完为止	① 制订的培训计划不满足需求	
			② 未按计划进行培训	
			③ 培训结果未达到预期目标	

3. 素养（Shitsuke）达标准则

这部分内容具体见表 4-2-3。

表 4-2-3　素养达标准则

项目	分值	准则细则		打分
		扣分分值	扣分标准	
1. 行为规范	30 分（项目扣完 30 分即止）	发现下列情况之一，扣 30 分	①因违反工艺纪律、操作规程造成产品不合格或引发事故	
			②发生质量问题或过错时弄虚作假，文过饰非	
		每发现一例下列情况扣 2～5 分，扣完为止	①上班或开会迟到、早退，开会时交头接耳，玩手机	
			②工作拖拉，不能今日事今日毕	
			③缺乏公德意识，随地吐痰，随手乱扔废弃物	
			④在不允许抽烟的地方抽烟	
			⑤发生质量问题不及时处理	
2. 团队精神和班组建设	30 分（项目扣完 30 分即止）	发现下列情况之一，扣 30 分	①未开展"质量信得过"班组活动	
			②未开展 QC 小组（Quality Control Circle，质量控制小组）活动和合理化建议活动	
		每发现一例下列情况扣 2～5 分，扣完为止	①QC 小组活动不普遍	
			②不积极参与合理化建议活动	
			③未参与"质量信得过"班组活动	
3. 服装与仪容	20 分（项目扣完 20 分即止）	发现下列情况之一，扣 20 分	①较多员工穿着不整洁，不修边幅，或不能按规定穿厂（所）服，佩戴识别牌（证）	
			②较多员工工作时间在不适合的场所穿拖鞋、背心以及短裤、超短裙等过于暴露的服装	

续表

项目	分值	准则细则		打分
		扣分分值	扣分标准	
3.服装与仪容	20分（项目扣完20分即止）	每发现一例下列情况扣2～4分，扣完为止	①未按规定穿厂（所）服，或佩戴识别牌（证）	
			②工作时间在不适合的场所穿拖鞋、背心以及短裤、超短裙等过于暴露的服装	
4.日常6S活动与创新	30分（项目扣完30分即止）	发现下列情况之一，扣30分	①没有全面开展6S活动	
			②没有推行看板管理和零缺陷管理	
		每发现一例下列情况扣2～5分，扣完为止	①6S活动缺乏人力、物力或财力资源	
			②6S活动遇到难题时不能解决	
			③看板管理和零缺陷管理存在漏洞	
			④6S活动成果不显著	

4.安全（Safety）达标准则

这部分内容具体见表4-2-4。

表4-2-4　安全（Safety）达标准则

项目	分值	准则细则		打分
		扣分分值	扣分标准	
工作现场安全	40分（项目扣完40分即止）	发现下列情况之一，扣40分	①当年发生重大安全事故，伤亡人数超过规定标准	
			②工作现场布局不合理，不符合安全标准，安全通道不通畅，安全、消防设施失效	
		每发现一例下列情况扣2～10分，扣完为止	①特种设备和安全防护、报警监测设施等未注册登记，或未按规定进行维护、保养、定期检测	
			②工作现场有害物质超标	

续表

项目	分值	准则细则		打分
		扣分分值	扣分标准	
工作现场安全	40分（项目扣完40分即止）	每发现一例下列情况扣2～10分，扣完为止	③工作现场存在失火、爆炸、毒气或毒液泄漏等安全隐患	
			④未按规定设置安全警示标识或标识破损、模糊不清	
			⑤员工未按规定穿戴劳动保护服装、鞋、帽、眼镜、手套、护耳或安全带等	

4.2.2　现场 6S 检查项目及标准

针对现场 6S 活动执行评判，企业可以制定相应的检查项目及标准，如表 4-2-5 所示。

表 4-2-5　现场 6S 检查项目及标准

序号	检查项目	检查内容	分值	评分
1	地面标识	地面通道有标识	1.5	
		地面通道标识明确	1	
		地面涂层没有损坏	1	
2	工位器具	工位器具上无灰尘、油污、垃圾等	1.5	
		工位器具上存放的零件与工位器具相符合	1.5	
		现场无损坏的工位器具	1	
		工位器具上存放的零件数与工位器具设计存放零件数相符	1	
		工位器具上存放的零件按要求存放	1	
		工位器具摆放整齐	1.5	

序号	检查项目	检查内容	分值	评分
3	零件	零件放置于工位器具上，无直接放于地面的情况	1.5	
		工位上的零件的检验状态有标识	1.5	
		工位上的不合格件有明显标识	1.5	
		生产车间现场的不合格件在规定 3 日内得到处理	1.5	
		应拆包装上线的零件做到了拆包装上线	1	
4	工作角	班组园地内的桌椅清洁	1	
		工作角内物品摆放整齐	1.5	
		工作角内的物品损坏后及时修理	1	
		班组园地使用的桌椅放于工作角	1	
5	目视板	班组有目视板	1.5	
		目视板表面干净，无灰尘、污垢和擦拭不干净的情况	1	
		目视板完好无损	1	
		目视板牌面整洁，塑料袋完好无损，有破损时及时更换	1.5	
		目视板内容丰富	1	
		目视板牌面信息适宜，及时更换	1.5	
		目视板有责任人	1	
		目视板定置或放于规定位置	1.5	
		部门及车间有目视板台账	1	
6	工具箱	工具箱干净整洁	1.5	
		工具箱上下无杂物	1	
		工具箱内有物品清单并且物、单相符	1.5	
		箱中物品摆放整齐，取用方便	1.5	
		工具箱损坏及时修理	1	

续表

序号	检查项目	检查内容	分值	评分
7	厂房内空间	窗台、窗户干净，无灰尘、蜘蛛网等	1.5	
		厂房墙壁、立柱上无乱贴乱画问题或陈旧标语痕迹	1	
		厂房墙壁干净，无积灰	1	
		厂房内无漏雨或渗水问题	1	
		厂房内物流通道、安全通道畅通无阻	1.5	
8	现场区划	定置线内有定置物	1	
		现场设置不同状态件存放区域或区域有标识，标识明确	1.5	
		现场存放的物件与区域标识相符	1	
9	垃圾及清运	工位上的包装垃圾放于指定的垃圾箱（桶）内	1.5	
		垃圾箱（桶）内垃圾在限度范围内	1	
		垃圾箱（桶）放于规定的位置	1.5	
		工业垃圾和生活垃圾分开存放	1.5	
10	工艺文件	无过期或不必要的文件	1.5	
		文件按规定位置摆放	1	
		文件摆放整齐	1	
		文件清洁，无灰尘、脏污	1	
		文件完整，无撕裂和损坏现象	1.5	
11	设备	设备没有损坏或松动	1.5	
		设备按规定位置存放	1.5	
		设备干净，无漏油现象	1	
		设备上无杂物	1	

序号	检查项目	检查内容	分值	评分
12	工作台	工作台无积尘、油污	1.5	
		工作台按规定位置摆放	1	
		工作台上物品摆放整齐	1.5	
		工作台没有杂物	1	
13	库房	库房有定置图	1	
		物资按定置图定置摆放	1.5	
		物资有标识且标识明确	1	
		物资摆放整齐	1	
		物资摆放在规定的架、箱、柜、盘等专用或通用器具上	1.5	
		仓储物资干净整洁，无积尘或蜘蛛网	1	
14	工装	工装的使用和保存方法正确	1.5	
		工装放在指定的位置	1	
		工装清洁，无脏痕	1	
		工装没有损坏	1.5	
		工装上无杂物	1	
15	照明	照明设备干净，无积尘	1.5	
		照明设备完好无损	1	
16	水、电、气等各种线管	使用过程中，无脏污	1	
		无跑、冒、滴、漏等现象，无损坏或连接松动问题	1	
17	生活卫生设施	更衣室整洁，无脏污	1	
		更衣室内物品按规定位置有序摆放	1	
		卫生间清洁，无异味	1	
		洗手池清洁，无异味、污垢等	1	

续表

序号	检查项目	检查内容	分值	评分
17	生活卫生设施	卫生间内无杂物	1	
		清洁用具放于指定的位置	1	
18	人员素养	员工现场无打闹现象，举止文明	1.5	
		员工说话有礼貌，语言文明	1.5	
		遵守工艺规程，按操作规程进行操作	1	
		按规定佩戴劳保用品	1.5	

注：评分时完全达标得满分；不符合项出现一处扣1分，扣完为止。

4.2.3 办公区 6S 检查项目及标准

针对办公区 6S 活动的执行情况，企业可以制定相应的检查项目及标准来进行评判，如表 4-2-6 所示。

表 4-2-6 办公区 6S 检查项目及标准

序号	检查项目	6S 标准	分值	评分
1	办公室	办公室有明显标识	2.5	
		无非必需品	2.5	
2	办公桌	文件、资料整齐放置，井然有序	2.5	
		办公桌无非每日必需品	2.5	
		抽屉内物品摆放整齐	2.5	
		私人物品分开且摆放整齐	2.5	
3	桌下、地面	除清洁用具外无任何物品	2.5	
		地面保持干净，无垃圾、污迹及纸屑等	2.5	
		垃圾桶内垃圾未超限度	2.5	

序号	检查项目	6S 标准	分值	评分
4	办公椅	办公椅、办公桌保持干净，无污迹、灰尘	2.5	
		人离开办公桌后，办公椅推至桌下，且紧挨办公桌平行放置	2.5	
		椅背上未放置衣服和其他物品	2.5	
5	文件柜	柜面干净、无灰尘	2.5	
		柜外有标识，且标识一律贴在左上角	2.5	
		柜内文件（或物品）摆放整齐，并分类摆放	2.5	
		柜内无非必需品	2.5	
		活页夹上有标识，同一部门的活页夹外侧的标识统一	2.5	
		活页夹内有文件目录	2.5	
		文件（夹）实施定位化（斜线）	2.5	
6	人员	按规定穿工作服、佩戴员工证	2.5	
		工作服扣子（拉链）全部扣上（拉上）	2.5	
		在办公区（室）任何时候都不摆放工鞋，并保持干净	2.5	
		工作态度良好	2.5	
		不在办公区（室）吸烟	2.5	
7	门、窗等	有责任人并标识	2.5	
		门、窗干净，无灰尘、无蜘蛛网	2.5	
		离开时（或无人时）关闭门、窗	2.5	
		靠车间位置（厂房内）无障碍物	2.5	
8	计算机、复印机等	保持干净，无灰尘、无污迹	2.5	
		计算机线束起来，不凌乱	2.5	

序号	检查项目	6S 标准	分值	评分
9	电话、传真等	保持干净，电话线不凌乱	2.5	
10	其他电器	无人时关闭电源	2.5	
		饮水机保持干净	2.5	
		损坏后及时维修或申报维修	2.5	
11	其他	目视板定期进行整理，内容及时更新，并保持干净	2.5	
		考核表及时更新，并进行目视化	2.5	
		有人员去向目视板	2.5	
		当事人不在，有电话"留言记录"	2.5	
		报架上报纸摆放整齐	2.5	
		盆景无枯黄、掉叶情况	2.5	

注：评分时完全达标得满分；不符合项出现一处扣 1 分，扣完为止。

4.2.4 6S 个人日常检查标准

针对个人 6S 活动执行评判，企业可以根据区域、岗位，制定相应的日常检查标准。以生产区员工为例，其检查标准如表 4-2-7 所示。

表 4-2-7 6S 个人日常检查标准（生产区）

部门：　　　　　　　员工姓名：　　　　　　　评分日期：

序号	项目	细目	要求	分值	评分
1	地面	表面	保持清洁，无污垢、碎屑、积水、异味等	2	
			地面无掉落零件、物料等	2	
			地面无破损，画线、标识清晰无剥落	2	
		通道	区划线清晰，无堆放物，保持畅通	2	

序号	项目	细目	要求	分值	评分
1	地面	物品	定位放置，无杂物，摆放整齐无压线	2	
			堆叠不超高；暂放物有暂放标识	2	
			分类摆放在定位区内，有明显标识	2	
			包装箱标识清楚，标识向外；无明显破损及变形	2	
			周转箱保持干净，呆滞物料及时处理	2	
			暂时放于指定区域外的要按暂放要求操作，并指明责任人	2	
			合格品与不合格品区分明确	2	
		材料零件	叠放整齐、稳固、无积尘、无杂物	2	
			账、物一致，物料卡插放整齐	2	
			零件或物料保管适当（如需防潮、防尘的要密封，化学品要避光等）	2	
			物料存放位置分类合理，易于查找及先入先出（库房）	2	
			小件零件定量分袋存放，尾数要有区分标识（库房）	2	
			同一种物料只有一箱/袋，尾数要有区分标识（库房）	2	
		货架	有架号分类及管理标识，无多余标贴	2	
			料、卡相符	2	
		推车叉车	定位放置，标识明确	2	
			保持清洁，无破损、零配件齐全	2	
		专门区域	专门区域有明显标识，无其他物品；地面干净无积水	2	
		清洁用品	按要求整齐摆放，保持用品干净完好	2	
			及时清理垃圾桶，拖把拧干	2	
		垃圾	分有价垃圾与无价垃圾	2	

序号	项目	细目	要求	分值	评分
2	墙、天花板	墙面	保持干净，无非必需品；贴挂墙身的物品应整齐合理	2	
		门、窗	玻璃干净、无破损，框架无灰尘	2	
			无多余张贴物，标识完好	2	
		公告栏	有管理责任人进行清理并及时更新，无过期张贴物	2	
		开关、照明	明确控制对象标识，保持完好状态	2	
			干净无积尘，下班时关闭电源	2	
		天花板	保持干净、无蜘蛛网、无剥落	2	
3	设备／工具	外观及周边环境	保持干净，无卫生死角	2	
			明确管理责任人，辅助设施或工具定位	2	
		使用／保养／点检	标识清楚（仪表、阀门、控制面板、按钮等），明确控制对象和正常范围	2	
			实施日常保养，保持完好状态，杜绝安全隐患，使用完毕时归位	2	
			设备点检表及时、正确填写	2	
			设备故障时要设置故障牌及禁用标识	2	
4	工作台／办公桌	桌面	保持干净清爽，无多余垫压物	2	
			物件定位放置、摆放整齐，符合摆放要求	2	
		抽屉	物品分类存放，整齐清洁；公私物品分开放置	2	
		文件	分类存放，及时归档；文件夹标识清楚，定位明确	2	
		座椅	及时归位；座椅下无堆放物	2	
5	电源插座		保持干净、无破损和随时可用状态	2	

序号	项目	细目	要求	分值	评分
6	箱、柜	表面	眼观干净，手摸无尘；无非必需品；管理标识明确	2	
		内部	资料、物件、工具等按要求分类存放，有分类标识	2	
			保持清洁，有工具存放清单、合适放置位与容器	2	
		备品	分类摆放整齐，保证安全存量	2	
7	危险品		存放于指定区域，有明显警示标识，保持隔离放置	2	
			明确管理责任人，保持整齐、干净	2	

注：评分时完全达标得满分；不符合项出现一处扣1分，扣完为止。

4.2.5　6S之星评选标准

6S管理要深入人心，成为企业精益管理的一部分，并非一朝一夕的事情，它需要公司所有成员的共同参与和协作。在一个有所成效的6S环境下，每一位员工都能真正体验到安全、舒适和便利。

然而，在6S活动执行之初，很多员工却将之看作"麻烦"，认为都是鸡毛蒜皮的事情。因此，为了加深公司成员对6S活动的认知，企业不仅需要加强培训教育和宣传，更需要推出"6S之星"之类的活动，让优秀员工带动、激励其他员工主动参与到6S活动当中。

一般而言，"6S之星"评选标准主要分为评选对象、评选标准、奖励标准三项内容。

1. 评选对象

在所有未发现不符合项目的员工内进行挑选。

2. 评选标准

（1）被评选的员工所在区域在1个月内没有发现不符合项。

（2）养成良好的习惯，保持区域的清洁。

（3）平时使用礼貌用语。

（4）平时没有违反厂纪厂规的行为。

（5）工作积极主动、责任心强，能够服从上级安排。

（6）工作时精神面貌较好，有积极进取的精神。

（7）平时着装整洁。

（8）该员工的言行能够给周围的同事带来一些良好的影响。

3. 奖励标准

（1）授予"6S 之星"荣誉称号。

（2）在"6S 大脚印"或其他场所分享其成功经验。

（3）年度绩效考评成绩加 10 分。

4.3　6S 精益化推行管理制度

4.3.1　6S 推行管理办法

完善的 6S 推行管理办法，是推行 6S 精益化管理的基础。在确定好 6S 活动的细节问题之后，企业就应当制定《6S 推行管理办法》，并颁布实施。具体内容如下。

1. 6S 活动目的

（1）提高工作效率，提高产品质量，降低成本，提高员工素质，确保生产安全。

（2）改善企业内部环境，使员工在一个整洁亮丽的工作场所中工作。

2. 6S 活动各级人员责任

（1）6S 管理推行委员会

企业成立 6S 管理推行委员会。6S 管理推行委员会的工作职责，是负责制定 6S 推行文件，以及监督 6S 运转情况，积极参与 6S 活动，给全体员工树立一个良好形象。委员会还要在现场导入 6S，让员工把 6S 当作日常工作。

企业应成立 6S 管理推行委员会，人员及职责如下所示。

① 主任委员：×××，策划整体推行活动，组织各委员负责具体的推行工作，定期向董事长报告推行状况。

② 执行秘书：×××，负责 6S 相关文件的制作、分发、修改，以及 6S 宣传海报的设计、评比活动的开展等工作。

③ 仓库负责人：×××，负责仓库 6S 工作。

④ 生产部负责人：×××，负责生产部 6S 工作。

⑤ 品质部负责人：×××，负责品质部 6S 工作。

⑥ 办公区负责人：×××，负责办公室 6S 工作。

（2）董事长

① 确认 6S 管理活动是企业管理的基础。

② 参加观摩 6S 活动有关教育培训。

③ 以身作则，展示企业推行 6S 的决心。

④ 担任企业 6S 推行组织的领导者。

⑤ 担任 6S 活动各项会议主席。

⑥ 仲裁 6S 活动的有关问题点。

⑦ 掌握 6S 活动的各项进度与实施成效。

⑧ 定期进行 6S 活动的上级诊断或评价工作。

⑨ 亲自主持各项奖惩活动，并向全员发表讲话。

（3）管理人员

① 配合企业政策，全力支持与推行 6S 管理。

②参加外界有关 6S 管理的教育培训，学习 6S 管理技巧。

③研读 6S 管理活动的相关书籍，广泛搜集资料。

④在部门内宣传、倡导 6S 及参与公司 6S 文化宣传活动。

⑤规划部门内工作区域的整理、定位工作。

⑥依照公司的 6S 进度表，全面做好整理、定位、画线标识的作业。

⑦协助员工克服 6S 的障碍与困难。

⑧熟读公司《6S 活动竞赛实施方法》并向员工解释。

⑨必要时，参与公司评分工作。

⑩6S 评分缺点的改善和申述。

⑪督促员工进行定期的清扫点检。

⑫上班后的点名与服装仪容清查，下班前的安全巡查。

（4）员工

①自己的工作环境须不断地整理、整顿，物料不可乱放。

②不用的东西要立即处理，不可使其占用作业空间。

③通道必须维持清洁和畅通。

④物品、工具及文件等要放置于规定场所。

⑤灭火器、配电盘、开关箱、电动机、冷气机等周围要时刻保持清洁。

⑥物品、设备要仔细地放，正确地放，安全地放，较大较重的堆在下层。

⑦要整理保管的工具、设备及所负责的责任区。

⑧纸屑、布屑、材料屑等要集中于规定场所。

⑨不断清扫，保持清洁。

⑩注意上级的指示，并加以配合。

3. 6S 活动达标评鉴标准

6S 活动达标评鉴标准分为 5 个部分，包括如表 4-3-1~ 表 4-3-4 所示及 6S 管理达标评分合格标准。

虽然表 4-3-1~ 表 4-3-4 的内容在 4.2 节中已经进行了分析讲述，但为了保证制度模板的完整性，依然将表放在此处，便于读者借鉴使用。

表 4-3-1　整理、整顿、清扫达标准则

项目	分值	准则细则		打分
		扣分分值	扣分标准	
1. 办公室物品和文件资料	30分（项目扣完30分即止）	发现下列情况之一，扣30分	① 室内物品未实行定置管理，物品摆放杂乱，办公桌上下和抽屉内的物品过多，摆放无序	
			② 文件资料未实行分类定置存放，有用与无用或长期不用与经常用的混放在一起，不易查找	
		每发现一例下列情况扣2～5分，扣完为止	① 办公设施不整洁或损坏严重	
			② 办公室内有与工作无关的物品	
			③ 文件夹无标识或文件夹内无文件目录清单	
			④ 导线未集束或杂乱无序	
			⑤ 文件柜内有过期、无用需销毁的文件	
			⑥ 办公桌上放置有非当日用的文件	
2. 办公区通道、门窗、地面、墙壁	20分（项目扣完20分即止）	发现下列情况之一，扣20分	① 门厅、通道或墙角摆放物品过多	
			② 地面有烟头、纸屑、痰迹或其他杂物，很脏乱	
			③ 门窗、墙壁、地面、天花板破乱不堪	

续表

项目	分值	准则细则		打分
		扣分分值	扣分标准	
2.办公区通道、门窗、地面、墙壁	20分（项目扣完20分即止）	每发现一例下列情况扣2~4分，扣完为止	①室内、楼道、楼梯内光线不足通风不好，有异味	
			②墙壁不整洁	
			③室内各种线不整齐或临时拉设明线	
			④门窗、墙壁、地面、天花板上有灰尘或污迹	
			⑤照明设施不亮	
			⑥乱贴、乱挂不必要的物品	
			⑦没有挂处（科）室标牌，或标牌不统一，有破损	
3.作业现场的设备、仪器、工装、工具和物料	30分（项目扣完30分即止）	发现下列情况之一，扣30分	①作业现场未实施定置管理，设备、仪器、工具等摆放杂乱	
			②长期不用（超过1个月）的物料杂乱摆放在现场	
			③废弃的设备、仪器、工装、工具杂乱摆放在现场	
			④作业现场设备油、液的跑、冒、滴、漏、飞溅问题严重，造成地面大面积脏污	
		每发现一例下列情况扣2~5分，扣完为止	①作业现场有设备油、液的跑、冒、滴、漏、飞溅等问题，以及粉尘、飞屑、喷雾等	
			②设备、仪器脏乱，维护保养不及时	
			③工装、工具检查校准不及时	
			④工具箱内的工具数量过多	
			⑤现场有废弃的设备、仪器、工装、工具	
			⑥物料摆放时间过长	

项目	分值	准则细则		打分
		扣分分值	扣分标准	
4. 作业现场的通道和地面画线	20分（项目扣完20分即止）	发现下列情况之一，扣20分	① 通道与作业面没有画线区分功能	
			② 通道上摆放很多东西，不畅通，或严重不平整	
			③ 通道脏乱，有烟头、纸屑、金属屑、油、水或其他杂物	
		每发现一例下列情况扣2~4分，扣完为止	① 画线不清楚或不统一	
			② 通道不平整	
			③ 可移动设备没有画线定置	
			④ 物品摆放超出画线	
5. 作业现场的地面、门窗、墙壁	30分（项目扣完30分即止）	发现下列情况之一，扣30分	① 地面严重破损、不平整	
			② 地面脏乱，有烟头、纸屑、金属屑、油、水或其他杂物	
			③ 门窗、墙壁、地面、天花板破乱不堪	
			④ 管、线锈蚀、脏污、布置凌乱或有临时拉设的明线	
		每发现一例下列情况扣2~5分，扣完为止	① 地面有油污、水渍等	
			② 乱挂乱贴不必要的东西	
			③ 管、线有灰尘、污垢	
			④ 地面不平整	
			⑤ 门窗、墙壁、地面、天花板上有灰尘或污迹	
			⑥ 光线不足或空气污浊	
			⑦ 废弃管线未及时清除，局部凌乱	

续表

项目	分值	准则细则		打分
		扣分分值	扣分标准	
6. 作业现场的产品	30分（项目扣完30分即止）	发现下列情况之一，扣30分	① 不合格品未与合格品隔离，或废品未及时清理出现场，混杂放置，未做标识	
			② 产品落地放置，没有防护措施	
		每发现一例下列情况扣2～5分，扣完为止	① 不合格品有标识，但未及时与合格品隔离	
			② 标识不清楚	
7. 作业现场的文件和记录	20分（项目扣完20分即止）	发现下列情况之一，扣20分	① 现场使用的文件和记录很脏，破损严重，随意放置	
			② 过期的文件和正在使用的文件混杂在一起	
			③ 不按规定填写记录	
		每发现一例下列情况扣2～4分，扣完为止	① 现场有过期不使用的文件	
			② 现场使用的文件和记录有破损	
			③ 记录填写不全或随意涂改	
8. 库房和储物间	30分（项目扣完30分即止）	发现下列情况之一，扣30分	① 未实施定置管理，物品无序摆放	
			② 通道摆满物品，人不易行走	
			③ 合格品与不合格品没有标识，混放在一起	
			④ 没有定期打扫，很脏乱	
		每发现一例下列情况扣2～5分，扣完为止	① 账、物、卡不相符	
			② 合格品与不合格品未严格隔离	
			③ 温度、湿度不符合要求	
			④ 标识不清楚	
			⑤ 物品摆放不整齐	
			⑥ 库房和储物间内灰尘多	

项目	分值	准则细则		打分
		扣分分值	扣分标准	
9.公共设施	20分（项目扣完20分即止）	发现下列情况之一，扣20分	①设备损坏，不能使用，或水箱、水龙头关不上，长时间流水	
			②公共设施环境卫生无专人负责，脏乱不堪，异味刺鼻	
			③垃圾到处堆放	
		每发现一例下列情况扣2~4分，扣完为止	①地面有污水、污物，地面湿滑	
			②门窗、墙壁及管道不整洁	
			③垃圾散落在垃圾箱外	
			④门窗、墙壁上有乱画乱写问题	
10.厂（所）区建筑物和物料	30分（项目扣完30分即止）	发现下列情况之一，扣30分	①建筑物破旧，没有修缮和粉刷	
			②建筑物外面有长期无序堆放的物料或工业垃圾	
		每发现一例下列情况扣2~5分，扣完为止	①建筑物不符合企业视觉系统要求	
			②建筑物外临时堆放有物料或工业垃圾	
			③建筑物外违规搭建棚、库	
			④建筑物存在残破失修	
			⑤建筑物色彩不协调	
11.厂（所）区道路和车辆	30分（项目扣完30分即止）	发现下列情况之一，扣30分	①道路破损失修，很不平整	
			②非机动车和摩托车等停放在厂房（办公楼）内或通道上	
			③道路上堆放物料	
			④厂（所）区内违章行车发生事故	
			⑤机动车辆车况差，带故障行车	

续表

项目	分值	准则细则		打分
		扣分分值	扣分标准	
11.厂（所）区道路和车辆	30分（项目扣完30分即止）	每发现一例下列情况扣2~5分，扣完为止	①车辆停放在道路上或其他非规定的地点	
			②厂（所）区内违章行车	
			③客货车车辆破旧，门窗不完好，或车内地面、座椅、靠垫不整洁	
			④厂（所）区内无交通标识牌和标线，或标识牌、标线不清楚	
			⑤路灯不亮	
			⑥车棚内有未清理的破旧自行车	
			⑦车棚打扫不干净，自行车摆放无序或超出车棚	
12.厂（所）区绿化和卫生	30分（项目扣完30分即止）	发现下列情况之一，扣30分	①没有统一的厂（所）区绿化规划，绿化面积未达到可绿化面积的60%	
			②厂（所）区卫生无专人打扫，绿地无人养护，杂草丛生，路面脏乱	
			③污染物排放量严重超过环保标准，受到当地环保部门的处罚	
		每发现一例下列情况扣2~5分，扣完为止	①清扫不及时，道路、地面上和草地角落、树木丛中有废弃物	
			②道路两旁有裸露土地	
			③有枯死的花草树木	
			④绿化面积未达到可绿化面积的90%	
13.厂（所）区标识系统	20分（项目扣完20分即止）	发现下列情况，扣20分	厂（所）区无任何企业标识系统的内容	

续表

项目	分值	准则细则		打分
		扣分分值	扣分标准	
13.厂（所）区标识系统	20分（项目扣完20分即止）	每发现一例下列情况扣2~4分，扣完为止	①厂（所）服无企业标识	
			②建筑物、文件或信笺等无企业标识	
			③宣传物无企业标识	
			④产品包装不符合要求	
14.厂（所）区文化氛围	20分（项目扣完20分即止）	发现下列情况之一，扣20分	①对体现企业使命、发展方针、企业精神、核心价值观、企业作风、质量观等企业理念的标语没有按规定要求进行张贴、悬挂	
			②对企业文化和质量文化未进行宣传、贯彻	
		每发现一例下列情况扣2~4分，扣完为止	①悬挂的标语有破损之处	
			②宣传形式单一	
			③有关人员不了解企业文化和质量标准	

表4-3-2 清洁达标准则

项目	分值	准则细则		打分
		扣分分值	扣分标准	
1.办公室和作业现场规范	40分（项目扣完40分即止）	发现下列情况之一，扣40分	①对整理、整顿、清扫的结果未形成规章制度	
			②没有制定6S检查、考核和奖惩的制度	
		每发现一例下列情况扣2~5分，扣完为止	①规章制度有不完善之处	
			②没有规章制度执行情况的检查、考核记录	
			③责任有不落实到人之处	

续表

项目	分值	准则细则		打分
		扣分分值	扣分标准	
2.安全生产作业规范	30分（项目扣完30分即止）	发现下列情况之一，扣30分	①没有制定安全生产管理制度	
			②没有建立安全生产责任制	
			③没有建立安全生产管理组织机构	
		每发现一例下列情况扣2～5分，扣完为止	①安全生产管理制度有不完善之处	
			②安全生产责任制未层层落实	
			③安全生产管理组织机构不健全	
			④员工操作时违反安全生产操作规程和制度	
			⑤未按规定及时对安全生产进行监督检查	
3.6S培训	20分（项目扣完20分即止）	发现下列情况之一，扣20分	①对员工的6S培训未形成制度	
			②6S培训没有培训计划，未进行必要的培训	
		每发现一例下列情况扣2～4分，扣完为止	①制订的培训计划不满足需求	
			②未按计划进行培训	
			③培训结果未达到预期目标	

表4-3-3 素养达标准则

项目	分值	准则细则		打分
		扣分分值	扣分标准	
1.行为规范	30分（项目扣完30分即止）	发现下列情况之一，扣30分	①因违反工艺纪律、操作规程造成产品不合格或引发事故	
			②发生质量问题或过错时弄虚作假	

续表

项目	分值	准则细则		打分
		扣分分值	扣分标准	
1. 行为规范	30分（项目扣完30分即止）	每发现一例下列情况扣2～5分，扣完为止	① 上班或开会迟到、早退，开会时交头接耳，玩手机	
			② 工作拖拉，不能今日事今日毕	
			③ 缺乏公德意识，随地吐痰，随手乱扔废弃物	
			④ 在不允许抽烟的地方抽烟	
			⑤ 发生质量问题不及时处理	
2. 团队精神和班组建设	30分（项目扣完30分即止）	发现下列情况之一，扣30分	① 未开展"质量信得过"班组活动	
			② 未开展QC小组（Quality Control Circle，质量控制小组）活动和合理化建议活动	
		每发现一例下列情况扣2～5分，扣完为止	① QC小组活动不普遍	
			② 不积极参与合理化建议活动	
			③ 未参与"质量信得过"班组活动	
3. 服装与仪容	20分（项目扣完20分即止）	发现下列情况之一，扣20分	① 较多员工穿着不整洁，不修边幅，或不能按规定穿厂（所）服，佩戴识别牌（证）	
			② 较多员工工作时间穿拖鞋、背心以及短裤、超短裙等过于暴露的服装	
		每发现一例下列情况扣2～4分，扣完为止	① 未按规定穿厂（所）服，或佩戴识别牌（证）	
			② 工作时间穿拖鞋、背心以及短裤、超短裙等过于暴露的服装	
4. 日常6S活动与创新	30分（项目扣完30分即止）	发现下列情况之一，扣30分	① 没有全面开展6S活动	
			② 没有推行看板管理和零缺陷管理	

续表

项目	分值	准则细则		打分
		扣分分值	扣分标准	
4.日常6S活动与创新	30分（项目扣完30分即止）	每发现一例下列情况扣2～5分，扣完为止	① 6S活动缺乏人力、物力或财力资源	
			② 6S活动遇到难题时不能解决	
			③ 看板管理和零缺陷管理存在漏洞	
			④ 6S活动成果不显著	

表4-3-4　安全达标准则

项目	分值	准则细则		打分
		扣分分值	扣分标准	
工作现场安全	40分（项目扣完40分即止）	发现下列情况之一，扣40分	① 当年发生重大安全事故，伤亡人数超过规定标准	
			② 工作现场布局不合理，不符合安全标准，安全通道不通畅，安全、消防设施失效	
		每发现一例下列情况扣2～10分，扣完为止	① 特种设备和安全防护、报警监测设施等未注册登记，或未按规定进行维护、保养、定期检测	
			② 工作现场有害物质超标	
			③ 工作现场存在失火、爆炸、毒气或毒液泄漏等安全隐患	
			④ 未按规定设置安全警示标识或标识破损，模糊不清	
			⑤ 员工未按规定穿戴劳动保护服装、鞋、帽、眼镜、手套或安全带等	

　　6S管理达标评分合格标准如表4-3-1～表4-3-4所示，6S管理达标标准共22个项目，评分标准总分值为600分。540分（含）以上为一流6S管理水平，480分（含）至540分为合格6S管理水平，480分以下为不符合6S管理水平。

4. 6S 活动检查及奖惩办法

6S 活动检查及奖惩办法具体内容如下。

（1）目的

为了使 6S 活动持续有效地运行，特制定本办法。

（2）范围

本办法规定了 6S 活动检查的基本规则，适用于企业所属各区域及相关场所。

（3）检查种类

① 企业巡回检查

由企业 6S 管理推行委员会推行小组进行现场 6S 日常巡回检查。

② 责任区域内部检查

由企业各责任区责任人进行现场 6S 日常巡回检查。

③ 班组自我检查

由各个责任区域内的班组进行现场 6S 日常巡回检查。

（4）检查标准

① 6S 管理推行委员会根据检查对象的工作性质制定相关检查标准。

② 根据区域类别分为科室、生产、库房、后勤 4 类。检查时，各责任区域可根据区域内班组的类别参照相关的检查标准。

③ 根据检查对象的不同，生产类分为车间、班组、员工 3 个层次。

④ 检查种类，如图 4-3-1 所示。

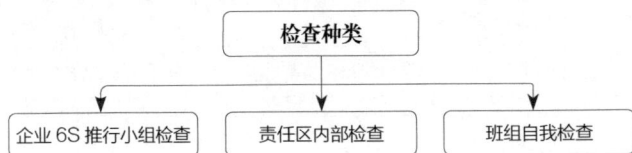

图 4-3-1　6S 检查种类

⑤ 6S 推行小组、各责任区域、班组可根据工作特点的不同，制作相应的 6S 日常巡回检查表。

（5）检查方法

具体检查方法如表 4-3-5 所示。

表 4-3-5　6S 检查方法

检查项目	检查细则
1. 计划制定及人员的构成	① 企业 6S 管理推行委员会秘书制定并下达每月的 6S 值班计划，每天安排两名值班主任组成 6S 推行小组（再从中产生一名组长）进行值班检查 ② 其小组成员由企业班组长以上级别的管理、技术人员及优秀员工构成 ③ 6S 管理推行小组依据每月公司 6S 值班计划，参照每天检查内容对所划分的责任区域，每天分两次（如上午 9:00～10:00，下午 4:00～5:00）进行全面检查 ④ 任何值班主任不得借故缺席，如有特殊情况，可申请他人代为值班，但替代人由其自行协商 ⑤ 对缺席者，6S 管理推行委员会将无条件扣除值班主任当月 6S 现场绩效 5 分
	责任区内部检查由各责任区域负责人自行组织，参照相关检查标准每天对所在责任区的班组进行检查
	班组自我检查由班组长自行组织，参照相关检查标准随时对所在责任班组进行检查
2. 巡检标准	6S 推行小组在检查时，需佩戴"6S 值班主任"袖章，对检查中发现的问题，应明确记录在"6S 巡回检查记录表"上，并交由责任班组长或区域负责人加以确认
	若遇相关负责人缺勤或否认既成事实，6S 推行小组组长有权判定并进行相关记录
	能当场整改的，有权责令其立即纠正
	若不能当场整改的，应开具 6S 整改通知书限期整改
	6S 推行委员会在编制 6S 检查内容时，应将相关整改问题列为检查项目，加以跟踪监督
	责任区内部检查及班组自我检查可参照 6S 推行小组的检查办法

· 168 ·

检查项目	检查细则
3.检查结果报告	6S推行小组的值班主任于次日上班后15分钟内，将形成结果的检查表上报到企业6S推行委员会秘书处汇总
	6S管理推行委员会秘书将前一天巡查的问题、责任区域、责任人、值班主任、检查得分、整改状况等情况加以统计汇总，每天定时通过公布栏加以公示
	责任区内部检查及各班组自我检查亦可参照同样办法在现场看板上予以公示
4.绩效考核	6S检查得分作为各责任区责任人每月绩效考核表中的6S得分，责任区内部检查月均分为各班组长每月绩效考核表中的6S得分，班组内部检查月均分作为员工每月绩效考核表中的6S得分
	6S推行小组在进行检查时，每位值班主任每天发现问题应不少于5个，并对两个以上的责任区域进行处罚，否则6S管理推行委员会将无条件扣除值班主任当月6S现场绩效5分
	责任区内部检查及各班组自我检查亦可参照同样办法

（6）申诉

任何被检查人或部门如果对6S检查结果有异议，可向公司6S管理推行委员会进行申诉，由主任委员最后裁决。但不得借故对值班主任进行无休止的纠缠，违者公司6S管理推行委员将对相关人员处以200元／次的处罚。

（7）奖惩措施

①奖惩以6S推行小组巡查的平均得分为准，以"月"为单位分别加以统计并进行奖惩。奖金由主任委员或公司领导颁发。

②对在巡查活动中工作表现突出的区域、班组，6S管理推行委员会根据各区域、各班组的问题汇总数进行集体评议，对工作表现优异的班组授予"6S先进集体"锦旗一面，并颁发相应的奖金（奖金按"30元×n"计算，n为区域内员工人数）。对工作表现落后的班组，悬挂"6S加油队"黄旗一面，意在鞭策和促进。

③对在巡查活动中工作表现突出的值班主任，经6S管理推行委员会集体评议，授予其"6S优秀值班主任"荣誉，并发给奖金

100 元。

④ 部门内部检查的奖惩事项由本部门自行决定，并报企业 6S 推行委员会备案。

⑤ 对检查中所暴露的问题，推行委员会将汇总分发给有关部门进行限期整改，1 次不改的将对责任人处以罚款 20 元，2 次不改的将对责任人处以罚款 50 元，连续 3 次不改或整改效果不明显的，将对责任人和当事人分别处以罚款 500 元。

4.3.2　现场班前班后 6S 活动规定

基于 6S 推行管理办法，企业应进一步制定《现场班前班后 6S 活动规定》，规范现场 6S 管理。

《现场班前班后 6S 活动规定》应包括以下内容。

1. 工作区 "6S"

（1）上班前

① 所有人员必须按时出勤，依规定着装，保持衣物整洁、仪表端庄。

② 环视检查整个现场，及时清理通道内所摆放的物品，保持通道畅通。检查机器设备、零配件、工具、物料等是否摆放整齐，有无异常。确保机器设备摆放整齐，无故障、无灰尘。将所有物料、机器、工具摆放得井然有序，整个现场宽敞、明亮、整洁，创造一个良好的工作环境。

（2）上班中

① 机器、工具、原料、半成品、成品、不良品、报废品必须用颜色划分区域，并且严格按照规定，放置在指定的地方，不得摆放于其他区域，更不得摆放于通道区；确保通道畅通，人、车易于通行，使作业流畅，不混料，不堆积物料。

② 对容易有油污、有灰尘的机器设备勤保养、勤擦拭，延长机器的使用寿命并保证其精密度，进而提升工作效率和产品的品质。

③作业台面要保持干净，且台上的物品要依规定有秩序地整齐放置，以方便下一工序操作，让作业过程更流畅，提高工作效率。

④作业员的工作姿势要正确，不能随意聊天、打瞌睡、离开工作岗位等，保持旺盛的精力和良好的工作状态。

⑤仓库、车间物料的储存摆放，要将不同的材料进行区分，分类摆放，用颜色将通道、放置区、备料区、退货区、不良品区等区域进行明显区分，并将各区域和吊牌标识清楚，一目了然，增强目视管理。各物料要依规定放置于规定的区域内，不能随意摆放，还要勤擦拭、打扫物料的货架、架板，从而保持整个仓库整洁、宽敞、明亮，物料摆放井然有序。

⑥办公场所及其区域内的桌椅要经常擦拭，不能有灰尘，有破损应及时维修；垃圾及时处理，保持桌椅及整体环境的整洁；文件资料不能杂乱放置，要分类整齐摆放；将不用的资料和不常用的资料单独收于抽屉并归类放置；将经常使用的资料整齐、有序地摆放于台面上，保证需要文件时能够马上取出；经常检查电器开关、插座，预防用电事故的发生。

（3）下班前

①各工作车间、办公场所、仓库的工作人员都应对整个现场进行检查，看地板、墙面、物料、工具、机器是否干净、整洁，及时纠正不符合规定的地方，保证整个现场整整齐齐、井井有条，每个角落都亮丽、整洁，为次日的工作创造一个舒适的工作环境。

②车间现场负责人下班前须检查车间的水电设备有无安全隐患，确保无误后方可离开现场。

③各办公室值班人员在下班时关闭水电设备，确保无误后方可离开办公室。

④下班时排队打卡，整齐、有序地走出车间，做到有纪律、有秩序，体现团队精神。

2. 生产现场"6S"管理

（1）关于车辆管理。为了确保员工的人身安全，对于厂区生产下线的整车及运输车辆、样车，除规定的试车人员及专业人员外，其他人员不得以任何借口私自驾乘，所有驾乘人员必须戴头盔。一旦发现违规情况，立即处以 50 元罚款。因违反规定而出现安全事故的，公司不承担任何责任。

（2）关于操作安全。各部门员工必须严格按有关要求规范操作，冲压、机械加工、焊接、驾车等部门应制定出安全操作规范，并严格执行。各级管理人员及保安有权进行监督。出现安全事故的，有关班长、主管要承担相应责任。因违反安全规定而造成自伤的，公司不承担责任。造成他伤的，责任人要承担伤者损失。

（3）关于产品及设备。除生产、管理与维修、维护需要，任何非专职人员未经允许，不得拿取或拆卸产品、在制品、设备、工具、工装上的任何零部件。如有违反，公司将视情节轻重给予处罚，轻者罚款，重者除名，为私者从重处理。

（4）关于生产现场零部件周转和外协加工。必须由仓库和相关部门办理手续，严格执行外协加工出入验收程序，严格控制关键部件外流和丢失，对不良件要及时做好退仓工作。如有违反或造成损失，追究经济责任并进行罚款处理。

（5）从事技术研发的工作人员，不得泄露企业产品技术秘密，如有对技术图纸、产品样件泄密的情况，追究其责任，严肃处理。

（6）非工作需要，员工不得在其他办公室逗留。休息时间非工作需要，员工不应在工厂逗留。午休及工间休息时间，员工原则上应在本部门范围内或回宿舍休息，严禁非本部门人员到其他部门尤其是到技术科、计量室、财务科、总经办等重要部门逗留或休息，一经发现处以 20 元罚款。

3. 生活区"6S"

（1）生活区不能随意乱扔纸屑、果皮等杂物，不随地吐痰，养成良好的卫生习惯。

（2）衣物、鞋袜、车辆等个人用品要按规定整齐有序摆放。

（3）注意遵守个人行为规范，不大声喧哗，不说脏话，不做违反厂纪、厂规之事。

4.3.3　6S活动改善提案制度

6S活动是对企业日常经营的持续改善，这既需要由上而下的管理办法，也需要自下而上的主动参与。因此，企业也需要制定《6S活动改善提案制度》，激励员工充分发挥主观能动性。

《6S活动改善提案制度》的内容如下。

1. 总则

（1）制定目的

为激发员工在6S改善提案活动中的主观能动性，挖掘其潜能，充分调动其工作积极性，树立全体员工的改善意识。

（2）适用范围

凡本公司正式员工，不论等级，只要提交的改善提案通过审核并实施，即可依照本制度进行奖励。

（3）权责机构

①提案评审小组由6S管理推行委员会成员组成，具体负责改善提案的评审工作。

②6S管理推行委员会为改善提案的最终管理部门，负责提案的收集、整理和等级确定，并负责改善提案的实施监督。

2. 改善提案规定

（1）提案方式

①个人提案。任何员工均可以个人名义提出提案。

②团体提案。两人以上，以小组、班组、车间、部门为单位提出提案。

（2）提案受理的内容

①凡对公司6S活动的管理改善、运转经营有益的改善意见、发明，均可作为提案内容，如表4-3-6所示，共有13个方面的内容。

表 4-3-6　提案受理的内容

序号	内容
1	操作方法的改善
2	作业程序或动作程序的改进
3	机械布置和工具的改善
4	质量的改善
5	成本的降低
6	原料的合理利用和节省
7	物料搬运的改善
8	工作环境的改善
9	意外事件预防机制的改善
10	不良品、废品回收利用的改善
11	职业健康安全和环境卫生的改善
12	其他能为公司节约成本、提高工作效率、美化环境的改善措施
13	管理效率及生产效率的提升

　　②对本公司 6S 活动管理改善、运转经营无益的改善意见、构想，不在受理范围内。如表 4-3-7 所示为提案不受理内容，共 6 个方面。

表 4-3-7　提案不受理内容

序号	内容
1	非建设性批评
2	带有政治、民族、宗教色彩的问题
3	纯属个人想象的、空洞的内容
4	众所周知的事实
5	对他人有攻击倾向的提案
6	与已被采用的提案内容完全相同的提案

3. 提案方法

（1）提案者以"提案改善表"或"提案改善报告"的方式提出改善意见。

（2）使用"提案改善报告"的方式，应详细填写必要的事项，若有图面、作业分解、样本、说明书等，以附件方式一并提出。

（3）在6S推行工作中，如果发现有对6S推行有较大改善作用的个案，可由6S推行小组向该部门推荐，再由该部门依照本制度提出提案。

4. 评审方式

对改善提案采用随到随审的方式。

5. 评审流程

（1）提案者填写"提案申请表"或撰写"改善提案报告"。

（2）提案者将提案交给本部门的主任或经理进行初步审核，确认其可行性和实效性。

（3）部门主管初审后，上交6S推行管理委员会进行评审。

（4）6S推行管理委员会综合论证通过后，实施改善活动，并给予提案者奖励。

（5）6S推行管理委员会综合论证未通过，则进行相应退稿处理。

6. 提案奖励方法

（1）提案评审标准

提案评审的指标及所占比例，如表4-3-8所示。

表4-3-8　提案评审的指标及所占比例

评审指标	实用性	必要性	创意性	成本
所占比例	40%	20%	20%	20%

（2）提案奖励标准

提案奖励等级及奖金，如表4-3-9所示。

表 4-3-9　提案奖励等级及奖金

提案级别	一级	二级	三级	四级
分数	90分（含）以上	89～80分	79～70分	69分（含）以下
奖金（元）	600	400	200	100

7. 其他事项

（1）同一内容的改善提案以先提者为先，若未同时提出，则视作联名提出，奖金平分。

（2）同一改善提案由多人共同提出的，奖金平分。

8. 附则

（1）本改善提案办法的解释权归 6S 管理推行委员会所有。

（2）本改善提案制度经 6S 管理推行委员会全体审议、总经理核准后，交 6S 管理推行委员会颁布实施、修订或终止。

4.3.4　6S 个人考核制度

科学的 6S 个人考核制度，是 6S 精益化管理推行的保障。在个人考核制度下，企业需要明确企业每位成员在 6S 活动中的权责，也需据此明确考核后的奖惩措施。

《6S 个人考核制度》的内容如下。

1. 目的

配合企业 6S 活动的长期深入开展，提升操作现场的管理水平，认真贯彻 6S 活动，使每一位员工养成良好的职业素养。

2. 权责

（1）总经理：负责主管范围的 6S 维持、改善活动的全面监督。

（2）部门经理（助理）：是部门 6S 活动的第一负责人，负责 6S 维持、改善活动的管理并组织本部门人员按制度执行，监控全过程，检查执行后的结果，对违反 6S 规定的个人进行处罚，公布检查结果。

（3）主管、组长、班长：负责组织管辖范围内的人员按制度操作，监控执行过程，检查操作结果，对违反6S规定的个人进行记录并呈报处理意见。

（4）值日员工：负责区域公共卫生的清扫、监督，并按"6S区域清扫责任表"进行验收、记录并向直接负责人反映异常状况。

（5）员工：负责按制度进行6S活动，并积极参与改善创新活动。

（6）行政部：负责监督、检查制度执行情况，收集相关记录并对全公司6S活动的结果进行汇总与考核。

3. 管理规定

（1）检查

①检查频率及内容如表4-3-10所示。

表4-3-10　6S个人考核检查频率及内容

序号	内容
1	各区域每天设一名值日员工，值日员工每天对值日范围内的执行情况进行验收，每天一次
2	组（班）长（区域负责人）对管辖范围进行检查，每天不少于一次
3	主管对管辖范围进行检查，每两天不少于一次
4	部门经理（助理）对管辖范围进行检查，每周不少于一次
5	总经理对管辖范围进行检查，每月不少于一次
6	行政部对全公司的6S活动相关记录进行检查，每月不少于两次

②检查方式，采取不定时方式，以"6S日常点检项目要求"为检查依据，对员工行为、着装及责任区环境物品、资料摆放等项目进行检查。

③检查中不符合项的处理。检查人员检查时发现不符合6S要求的现象，应当场与基层管理人员或员工进行沟通（纠正）确认。将不符合现象在"6S不良现象记录明细表"上详细记录，生产区的组

（班）长，区域责任人以此为依据完成管辖人员的"日常 6S 个人考核记录表"的记录。

（2）考核

① 考核奖罚标准，具体如表 4-3-11 所示。

表 4-3-11　6S 个人考核奖罚标准

序号	细则	备注
1	考核与每一位员工（指除主管级及以上的管理人员）的个人利益直接挂钩	—
2	"月度 6S 基本分"为 20 分	—
3	每 1 分对应不同金额值	① 员工：5 元 / 分 ② 组（班）长（区域负责人）：10 元 / 分
4	① 员工加 1 分奖励 5 元 ② 组（班）长、区域负责人加 1 分奖励 10 元	—
5	① 员工扣 1 分扣罚 5 元 ② 组（班）长（区域负责人）扣 1 分扣罚 10 元	—
6	奖励不设上限，扣罚以 20 分扣完为止，每月奖罚情况反映在工资上	—

② 考核形式，考核分 4 个层级，如表 4-3-12 所示。

表 4-3-12　6S 个人考核形式

序号	形式	备注
1	值日员工监督非值日员工	① 各级的考核范围为其责任区域，管理人员负连带责任，如经理在现场发现 1 个不符合项，责任员工、组（班）长或区域负责人各扣 1 分，责任员工扣 5 元，组（班）长或区域负责人各扣 10 元 ② 非值日人员发现值日员工有敷衍现象应反馈至直接管理人员处，值日员工扣 1 分
2	组（班）长、区域负责人考核员工	
3	主管、部门经理（助理）考核组（班）长、区域负责人	
4	公司考核部门	

③ 考核依据，考核以"6S 日常点检项目要求"为依据，每个项

目扣1分。各级考核人员须及时把"6S不良现象记录明细表"的不符合项按分制转制成"日常6S个人考核记录"。每月4号前由总经理审核后将"6S不良现象记录明细表""日常6S个人考核记录"交行政部，由行政部统一核实、汇总奖罚明细并交财务部核算工资。

④考核评分，具体内容如表4-3-13所示。

表4-3-13　6S个人考核评分细则

序号	评分细则	备注
1	为加大管理的力度，员工同一周内违反相同项目时实施重复扣分，违反第一次扣1分，第二次扣2分，第三次扣5分，超过3次按"奖惩规定"处理	—
2	在6S活动中积极主动、有创新做法的员工由组（班）长或区域负责人提出申请奖励，经理审核，总经理批准奖励1～5分，多项多奖	—
3	行政部如在6S活动相关记录检查中发现的漏做、弄虚作假、记录延期上交等问题，应对责任人进行每次扣3分的处罚，同时对责任人所在的区域进行每次扣1分的处罚，对责任人的处罚结果体现在当月"月度6S基本分"中	对责任区域的处罚结果体现在当月6S区域评分结果中

4.3.5　6S推动审核办法

6S审核工作也是6S精益化推行管理的重要内容。企业同样需要制定《6S推动审核办法》，其内容如下。

1. 目的

使企业的6S审核工作更加系统化、制度化，切实保证审核工作公平、公正地开展，营造更优美、舒适的工作环境，进而使企业全体成员形成良好的"6S"素养。

2. 范围

适用于全公司。

3. 审核办法

（1）被审核单位

作业区以科为单位，办公区以部门或科为单位，宿舍区以每间宿舍为单位进行审核评比。

（2）评委

①组织：主要由被审核部门科长级（含）以上人员担任，每次审核评比时间由 6S 管理推行委员会临时安排。

②审核小组的组成：各区域审核小组成员主要包括推行委员会执行组长 1 人，审核委员 5 人，以小组的方式循环作业。

③职责，具体内容如表 4-3-14 所示。

表 4-3-14　6S 审核工作评委职责

序号	职责内容
1	对厂区各 6S 责任区域进行审核评分
2	协助推行委员会制定和完善各项审核标准
3	按规定完成审核工作，并将审核资料及时提交给推行委员会
4	对各单位 6S 缺失提出改善建议，并对缺失的改善效果进行追踪
5	辅导各单位开展 6S 活动

（3）审核时机

由推行委员会每月不定期对各参评单位进行 1～2 次审核，并追踪每次审核中整改措施的落实。审核时间由推行委员会安排，具体审核时间和审核单位可以不提前通知被审核单位。

（4）审核依据

依据各区域 6S 审核评分细则对相关单位进行审核，主要包括"作业区域 6S 审核标准""仓库区域 6S 审核标准""办公区域 6S 审核标准""宿舍区域 6S 审核标准"等。

（5）审核缺失确认、记录、评分

①各审核人员依审核标准进行审核，发现缺失时应在审核记录表上记录缺失内容并依评分细则进行打分，经责任单位主管或代理人确认。评委应及时向被审核单位指出该单位存在的问题点并提出改善的

建议等。

②审核时，审核人员以所见事实是否符合标准作为准则进行评判。全部符合的给满分，未达到的项目不给分，对6S活动有创意改善的单位，总分加1分。

③对6S落实彻底、极为规范的场所和6S推行极差、极不规范的场所，均可进行拍照公示，缺失改善须在限期内完成。

（6）缺失问题追踪

①推行委员会每月及时将各单位缺失问题进行公布，并敦促各单位整改。

②对各单位未改善的缺失问题，在下次审核中予以减分，之后继续追踪。

（7）每月成绩统计、排名

①各区域、各单位每月6S审核总分均为100分，以实际审核时各评委所给的平均分作为实际得分，按实际得分的高低进行排名。

②每次审核时对各单位前一次的整改项目未落实者，按未整改项目多少，在该次审核的总分中扣1~3分。

③统计结果由推行委员会主任核准后向全公司公布。

（8）奖励与处罚

①推行委员会对各区域的参评单位进行评比，根据排名先后进行奖励与处罚。

②各区域的奖惩名额与奖惩方式如表4-3-15所示。

表4-3-15 各区域的奖惩名额与奖惩方式

序号	区域	奖惩名额与奖惩方式
1	作业区	①对月度评比中排第一名的单位授予"优秀6S单位"锦旗，并给予奖金200元，奖金由6S管理推行委员会按月度评比结果提交财务部，财务部门建立部门奖励基金，获奖部门需动用此奖金时，由部门负责人提出申请，到财务部领取 ②对排名最后一名的单位授予"需改进6S单位"的旗帜，并在年度部门绩效考核中予以适度减分

续表

序号	区域	奖惩名额与奖惩方式
2	办公区	① 对月度评比中排前两名的单位均授予"6S 流动红旗"，并分别给予奖金 200 元、150 元，奖金由 6S 管理推行委员会按月度评比结果提交财务部，财务部门建立部门奖励基金，获奖部门需动用此奖金时，由部门负责人提出申请，到财务部领取 ② 对排名最后两名的单位授予"6S 流动黄旗"，并在年度部门绩效考核中予以适度减分
3	宿舍区	① 对月度评比中排前三名的宿舍给予每人 20 元奖金 ② 对排名最后三名的宿舍给予每人 20 元罚款，最后三名的宿舍中若总分有超过 85 分的员工，可免罚款

③ 对连续两次名列最后一名的单位，由 6S 管理推行委员会责令责任单位制定书面的改善对策和改善期限。

（9）资料存盘

每月的审核记录及相关资料，推行委员会应指定专人存盘保管，各单位可以随时调阅，以便寻找缺失问题以及对改善后的现状进行审核。

第五章

6S 管理的实施策略与方法

　　针对 6S 管理的 6 个核心要素，每个企业由于实际情况不同，在推行过程中也有不同侧重。因此，企业需要对 6S 管理进行分解，明确每个 6S 要素的实施策略与方法，具体包括核心内容、实施步骤、实施标准、检查标准、实施案例等内容。

5.1 整理的实施策略与方法

5.1.1 整理的核心内容

因为不整理而产生的浪费，往往会在日常管理中被忽视。但日积月累，其造成的浪费却足以损害企业竞争力。

整理的核心内容就在于区分必要物和不要物，并对不要物进行及时处理。具体内容如图 5-1-1 所示。

图 5-1-1　整理的 6S 关注点

其中，企业在实施 6S 整理时，必须关注 3 个重点。

1. 工具

工具的 6S 整理主要用于解决以下问题。

（1）工作所用的工具合适吗？

（2）有不再可用的工具吗？

（3）所用工具有缺陷或磨损吗？

（4）所用的工具过多吗？

（5）是否有不精确的工具或测量仪？

2. 物料（库存 / 仓储）

物料的6S整理主要用于解决以下问题。

（1）现有材料与工艺是否有关？

（2）库存或在加工的部件是否过多？

（3）场地中空容器是否过多？

（4）材料是否遮住了设备、工具或工作场所？

（5）材料有缺陷吗？

3. 设备

设备的6S整理主要用于解决以下问题。

（1）所有设备都是操作所需的吗？

（2）设备是否过多？

（3）工地上的所有桌椅都是必需的吗？

（4）所有设备是否都处于最精益的位置？

5.1.2　整理的实施步骤

6S整理的目的在于腾出空间，节约资金，防止混料误用，保障产品质量，并创造清爽的工作场所。

在实施6S整理时，企业成员必须懂得"舍得"原理，舍去没必要的，才能得到有必要的，不舍不得。

具体而言，整理的实施步骤主要包含6项内容。

（1）对参与6S活动的成员进行阶段工作开展前培训。

具体可以采用的方法如下。

① 每周一个学习主题，制作学习材料。（要点：通过简洁、通俗的语言让员工记住6S的相关知识）

② 通过开展形式多样的学习活动让员工更好地理解6S。（要点：

晨会上的齐声朗读、班组长或主管讲授等）

（2）开展红牌作战活动。

（3）红牌作战活动后的问题跟踪解决。

（4）红牌作战活动的评比与激励。

（5）恢复墙壁、地面、设备的原色。

（6）组织整理，阶段验收。

在推行中，如果想让 6S 整理使工作充分发挥应有的功能，应具有必备的物品及应有的流程制度。

而在这一过程中，企业必须明确 6S 整理的判断基准，即 6S 管理中物品"要"与"不要"的判断基准。

（1）要。

正常使用的机器设备；正常使用的厂房电气装置、工作台；正常使用的工装夹具；正常使用的设备工具；推车、叉车；工具箱；物料盒；物料放置架；板凳、桌子；原材料、半成品、成品；产品货架栈板；劳保、防尘用具；办公用品、文具；正常使用中的管理看板；各种清洁工具；宣传海报；客户文件资料；产品档案；标准作业指导书；检验样品。

（2）不要。

① 地板上：灰尘、杂物、废纸、烟头、油污；不再使用的办公用品、垃圾桶；不再使用的模具、工装夹具；破烂的垫板、纸箱、抹布、篮筐；废料、呆滞物料。

② 工作台、橱柜：过时无用的账本、报表、文件资料；损坏的样品、工具、零部件；多余的物料、废料。

③ 墙壁上：蜘蛛网；老旧的海报、宣传标语；破损的挂历、意见箱、提案箱；老旧无用的标准作业指导书。

④ 挂着的：不再使用的吊扇、温度计；不再使用的标语、文件资料；无用的各种管线；无效的指示牌、标牌。

根据物品的使用频率、日常用量，以下是相应的放置基准。

（1）1年没用过的物品：仓库存储（封存）或废弃，定期检查。

（2）半年内也许要使用的物品：仓库存储，定期检查。

（3）3个月用1次的物品：仓库存储，定期检查。

（4）1个月用1次的物品：放在工作现场附近。

（5）3天至1个星期用1次的物品：放在工作岗位附近。

（6）每天至少用1次的物品：放在离工作岗位最近的地方。

5.1.3　整理的实施标准

企业想要整理得到有效实施，必须要做到以下几点。

① 将需要物品与不要物品进行层次区分。

② 撤走作业范围内的不需要品及不急用品。

③ 即使是必需品，如果使用频率较低，也可以看作是不需要品、不急用品等。判定不清的一律撤除。

如图 5-1-2 所示的整理实施流程，企业需要在 6S 管理中制定专门的整理实施标准。

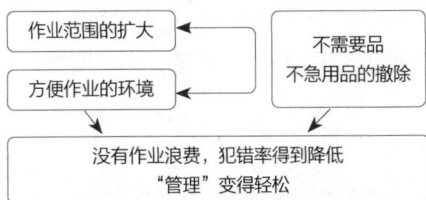

图 5-1-2　整理的实施流程

而让标准得到践行的最好办法，就是实行日常检查，并为此制作"整理检查表"，如表 5-1-1 所示。

表 5-1-1　整理检查表

部门：	检查者：		日期：	
序号	检查点	检查		对策（完成日期）
		是	否	
1	放置场所是否有不需要使用的东西			
2	通道上是否放置不需要使用的东西			
3	是否有不需要使用的机械			
4	栏架上下是否有不需要使用的东西			
5	机械周围或下边是否有不需要使用的东西			
……				

5.1.4　不要物的处理程序

整理的有效实施，重点就在于对不要物的妥善处理。因此，企业必须制作完善的不要物处理程序，使工作现场的"不要物"及时有效地得到处理，使现场环境、工作效率得到改善和提高，从而促进管理不断完善。

在制作不要物的处理程序时，企业应当明确：不要物的处理程序涵盖对公司各厂部的"不要物"的处理，而不要物是指工作现场中一切不用的物品。

1. 职责划分

为了避免在处理不要物的过程中出现职责不明、互相推诿的情况，不要物的处理程序必须确认各部门的职责。

（1）采购部负责不用的物料的登记和判定。

（2）设备部门负责不用的设备、工具、仪表、计量器具的登记和判定。

（3）工位器具组负责不用的工位器具的登记和判定。

· 188 ·

（4）信息管理部负责不用的电子化办公设备的登记和判定。

（5）品管部负责不用的自制件、半成品、成品的登记和判定。

（6）后勤部负责所有办公用品、低值易耗品的登记和判定。

（7）各厂部负责本部门其他不要物品的登记和判定。

（8）6S 管理推行委员会负责组织不用物品的审核、判定和申报工作。

（9）财务部负责不用物处置资金的管理。

2. 工作程序

具体而言，不要物的处理程序如下。

（1）各车间、部门及时清理判定"不要物"，将"不要物"统一置于暂放区，报责任部门审核批准后，同责任单位进行分类和标识，并记录在"不要物处理清单"及台账中。

（2）正常情况下，每月一次向有关科室申报处理"不要物"，由责任科室分类填好"不要物处理清单"，报部门领导审核、批准。

（3）厂部需每季度（特殊情况除外）汇总"不要物处理清单"一次，报 6S 管理推行委员会，由 6S 管理推行委员会协调采购部、生产部、销售部、工程部、后勤部、品管部的判定处理方案。

（4）各相关部门严格按批准的方案实施，清理完毕后填写"不要物处置详情表"报财务部。

（5）财务部负责对处置回收的资金进行管理。

5.2　整顿的实施策略与方法

5.2.1　整顿的核心内容

整顿的意思是使物品保持随时能够立即取出的状态。"立即"是要点。不是特定的人，而是任何人都能立即取出，这一点很重要。为了能够立即取出，需要员工动脑筋想办法。整顿之所以快乐是因为能够使情况得到改善。但在能够立即取出的同时，确保能立即放回原处很重要。有人说整顿进行不下去的原因多是没能把物品回归原处。

通过 6S 整顿，企业要实现的就是任何人要的东西都能马上拿到。

对此，企业可以从寻找开始，对企业现状进行检验，如图 5-2-1 所示。

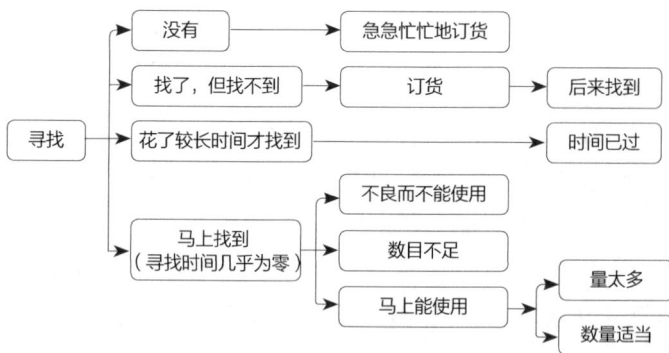

图 5-2-1　寻找与整顿

整顿的核心内容就在于通过定置管理等工具，确保企业员工可以马上找到所需的物品，且马上就能使用。

分解来看，整顿包含以下 3 部分内容。

① 使任何人都知道什么东西放在何处。

② 使其易于取出。

③ 容易回归原位。

与此同时，企业也应注意以下几点。

① 物品的定置要与相关岗位员工商量，将物品定置在最精准的位置上。

② 定置相同物品时，尽量做到方便员工取用和归位。

③墙面标识张贴的高度要统一（建议 1.6 米高，特殊情况除外）。

④制作标识牌时，要将内容一一表述清楚。

⑤对需要重叠放置的物品进行限高。

⑥靠墙的物品高度不超过 2 米。

⑦不靠墙的物品高度不超过 1.5 米。

⑧限高线为红色。

⑨限高线上要标明所限高度。

5.2.2　整顿的实施步骤

为什么说整顿是必要的呢？我们来考虑一下如果不进行整顿后果将会怎样。

①不知道物品放在何处

员工经常要到处寻找物品。比起加工或组装，"寻找"反而浪费了更多的时间。

②物品的错拿

不知道物品放在何处，就有可能错拿较相似的物品。这会导致产品质量的下降。

③急躁不安

找不到想找的物品时人就会急躁，这会造成精神压力，影响生产注意力，从而影响安全和产品质量。

④操作中断

在怎么找也找不到的情况下，就必须调配新的物品，这将导致操作中断，影响下一道工序，最终可能会给员工带来困扰。

此外还会有很多其他的状况。不管怎么说，不进行整顿的话，就会对安全、品质、交货期、效率等各方面产生不良影响。

那具体如何做呢?

1. 整顿的对象

整顿的对象是什么呢? 当然最终的对象都是物品，但由于整顿需要动脑筋想办法，要花一些时间，因此有必要边考虑轻重缓急边进行6S 管理的整顿活动。整顿的对象如下。

（1）及时完成整理、清扫工作

不先进行整理工作的话，整顿不要的物品就会毫无效果。而如果整顿之后延迟进行清扫的话，清扫会难以展开，其结果就是不能彻底进行清扫。

（2）寻找起来费时费力的物品

整顿就是为了能够立即取出。原来要花很多时间去寻找的物品，经过整顿之后就会更易取得，所以要优先考虑执行。

（3）在品质方面有待加强的物品

有些物品虽然不需要花太多时间寻找，但稍不注意就会拿错。在生产过程中发现问题倒也无妨，但如果产品流到客户手中就会出现质量投诉等情况，影响公司的信誉。万一发生事故的话更会带来重大社会影响，危及公司的生存。

（4）存在安全隐患的物品

超重、超长、锋利的物品存在安全隐患，必须优先进行整顿。

2. 整顿的实施步骤

整顿的实施步骤主要包含以下 12 项内容。

（1）对参与 6S 活动的成员进行阶段工作开展前的培训。

（2）收集整顿前的图片资料。

（3）绘制区域内主通道线路图，并按要求张贴。

（4）对现场现有物品进行定位及标识。

（5）为需要重叠放置的物品设置限高线。

（6）对工具箱进行形迹管理。

（7）制作物料存放架。

（8）收集整顿后的图片资料。

（9）对整顿前后的现场进行公示宣传。

（10）制作 6S 知识宣传画。

（11）制作每周 6S 基础知识学习材料，每天组织员工进行学习。

（12）组织整顿阶段验收。

在现场验收阶段，需要注意如下内容。

（1）准备好整顿阶段的验收表。

（2）安排好验收路线（将区域划分成几个部分）。

（3）验收过程中记录发现的问题。

（4）验收完成后进行总结。

（5）将验收过程中发现的问题记入问题对策表中并跟踪解决。

（6）通过验收分数的统计（或推行小组的表决）决定是否进入到清扫阶段。

3. 整顿的标准

（1）整顿应当自己来做

整顿工作中受益最大的就是员工自己，所以整顿应该由自己来进行。但事实上，员工在生产现场很难抽时间去做这些改善。或者有时候虽然想出了办法，但没有实施的本领。这种时候就需要向专业人士求助。

如果整顿不是由自己而是由别人去做，结果会是怎样？最熟悉生产现场的是自己，如果随便让别人去进行整顿，反而会更加混乱。"整顿"和"摆放整齐"的意思完全不一样。仅仅外观看上去整洁是毫无意义的，能够将需要的物品准确且迅速地取出来才是最重要的。

话虽如此，但也并非意味着外观上不必讲究。外观整洁当然会更好。

（2）6S 管理要求整顿后任何人都能够一目了然

虽然乍一看很乱，但也有人会立即知道哪个物品放在哪里。的确，让使用的人自己明白什么物品放在哪里是整顿的基本条件。正因为如此，整顿才需要亲力亲为。但只有本人知道就可以了吗？当然不是。如果本人休假或与其他人换班的话，只有本人知道物品放在哪里就会影响工作。整顿不仅是责任人一个人知道就可以了，所有相关人员都必须清楚，能做到立即取出，也就是说要信息公开。这需要员工动脑筋想办法。

5.2.3　作业现场整顿的具体执行标准

作业现场的改善是精益管理的基础，我国制造业目前的现场改善理论研究还处于较低水平。

因此，企业要实现精益管理，首先就要从作业现场的整顿做起，低成本、收效快地实现从传统的大规模生产模式向精益生产模式转化，从而创建精益生产企业改善生产现场的有效方法。

作业现场整顿的具体执行标准，应当遵循以下 3 个重要原则。

原则一：树立消除浪费、持续改善的理念。

即使有精益生产理念的指导，但是很多企业往往仍然没有什么进步，甚至会出现退步的情况。主要原因是企业的员工没有树立起精益生产的理念，在实际工作中仅仅是倾向于完善生产工具及技术。但是科技在不断进步，一时的更新和完善是无法保证企业的长远发展的。因此，企业全体成员应该树立消除浪费的理念，不断进行完善，把眼光放得更加长远。作为企业生产的前线，企业应高度重视作业现场，不断对其进行完善。只有这样，才能够促进企业的发展。

原则二：提高自身发现问题的能力。

精益生产的改善过程是非常长的，在此过程中要不断地去发现问题。精益生产意味着不能增加产品价值的一切工作包括生产过剩、库存、等待、搬运、加工中的多余的动作以及不良品的返工等都是浪费。与固有的浪费的观念有所不同，在众多的浪费现象中，有很多是我们并不认为是浪费的情况。正因如此企业成员才要不断去学习，进一步加深对精益生产的概念的理解。只有这样，才能够提高自身发现问题的能力，进而促进企业发展。

原则三：建立一个有效的激励机制。

在长时间的改善过程中，绝对不可以操之过急，而应该循序渐进，在不断的积累过程中取得成果。为此，企业可以建立一个有效的激励机制，并将其持续下去。企业通过引导员工参与来提高生产效率，调动员工参与的热情，让员工在改善中不断提高自己的能力，也让员工在取得改善成果时得到相应的回报。在企业内形成一种氛围，这样才能真正将精益生产在企业中推行起来。让作业现场的氛围更积极乐观，以此提高企业的生产效率，提高企业的市场竞争力。

只有把握上述三大原则，企业才能推动整顿的有效实施，并在6S活动中彻底消除浪费、降低成本并持续改善。

在此过程中，企业同样要注重日常检查，以及检查表的应用，如表5-2-1所示。

表5-2-1 整顿检查表

部门： 检查者： 日期：

序号	检查点	检查		对策（完成日期）
		是	否	
1	制品放置场所是否显得凌乱			
2	装配品放置是否做好"三定"（定位、定品、定量）			
3	零件、材料放置是否做好"三定"（定位、定品、定量）			
4	画线是否已完成80%及以上			
5	设备工具存放是否以开放式来处理			

续表

序号	检查点	检查		对策 （完成日期）
		是	否	
6	设备工具是否显得凌乱			
7	模具放置是否一目了然			
……				

5.3 清扫的实施策略与方法

5.3.1 清扫的核心内容

脏污的机械制造出的产品也一定脏污。6S 清扫不仅仅是大扫除，更是加工过程的重要一环，是企业提高良品率的重要手段。清扫可以帮助稳定产品的质量，减少设备故障和工业伤害，创造令员工心情愉悦的干净、明亮、优质的环境，让员工舒适、高效地工作。

经过整理和整顿，企业已经能够确保想要的东西能够马上取出，但取出的东西是否处于正常的可使用状态呢？这就是 6S 清扫的核心内容，如下所示。

①清除一切的垃圾／灰尘。

②机械设备每天都要擦干净。

③改善在清扫时发现的不妥处。

④查明并切断脏污的根源。

⑤编制清扫的基准，所有员工一致遵行。

6S 管理要求员工对每个地方、每个角落都要一一清扫，这也等于对每个地方、每个角落进行检查及确认，便于发现问题，发现污染源，及时采取措施。

因此6S清扫通常需要遵循"四三三"法则，即4个面、3个点、3个标准。

①4个面，指清扫的4个面：天花板面、墙壁面、桌台面和地面，从上至下地清扫，全面、科学地清扫。

②3个点，指3个扫点：扫黑点（灰尘、蜘蛛网、脏污等）、扫漏点（漏油、漏水、漏气等）、扫怪点（震动、异响、异味、异温等）。

③3个标准，指效果评价标准：工作场所干净整洁，设备焕然一新，清除污染发生源。

具体而言，清扫的核心内容可以分为3个层面。

1. 清扫（天花板面、墙壁面、桌台面和地面）

在对作业环境的清理中，天花板面、墙壁面、桌台面和地面的清扫是必不可少的。清扫时，员工要探讨作业场地的最佳清扫方法，要了解过去清扫时出现的问题，明确清扫后要达到的效果。要整理、整顿地面的物品，处理不需要的东西。要分析地面、墙壁、窗户的污垢来源，想办法杜绝污染源，并研究以后的清扫方法。

2. 划定区域和界线

将地面、窗户等场所清扫以后，要对放置物品的区域场所进行明确地划分。对什么物品放置在什么位置，应清晰无误地予以确认和标识。

标识时，首先要明确作业的场地、通道，然后要划定区域界线，什么物品放置在什么位置，这是在整理和整顿阶段就要确定的。其次要注意在确定了消防器材、工具、备件等的位置后，需在相关物上也做上相应的标识。同时，对空闲区域、小件物品区域、危险和贵重物品区域等也要用颜色予以区别。

3. 杜绝污染源

清扫一般是用手来进行，而杜绝污染源则需手摸、眼看、耳听、鼻闻，要动脑筋、想办法才能实现。只有充分调动了人体五官的各项功能，才能做到一旦发现污染，就能从难以清扫和有待改善的地方找到产生污染的源头。

回归实际，污染大部分都是外来的，特别是刮风时随风而来的灰尘或沙砾。这些对设备的危害是很大的。另外，在我们搬运散装物品时，也要防止在搬运过程中物品撒落。

所以，为杜绝外来污染，要将窗户密封，不留缝隙。在搬运切屑和废弃物时，尽量不要撒落；在运送水和油料等液体时，要准备合适的容器；在作业现场，要检查各种管道以防止泄漏；对擦拭用的棉纱等工具，要定点放置。

5.3.2 清扫的核心关键

清扫的核心关键，主要在于设备清扫，以及办公室和生产部的区域清扫。

在清扫的实施过程中，企业必须明确相应的清扫部位和要点。具体可以借助表 5-3-1~ 表 5-3-3 进行。

表 5-3-1 设备清扫部位及要点

类别	清扫部位	清扫要点	清扫重点
设备及附属机械	①接触原材料/制品的部位，影响品质的部位（如传送带、滚轮、容器、配管、光电管、测定仪器）	有无堵塞、摩擦、磨损等	①清除因长年放置而堆积的灰尘、垃圾、污垢 ②清除因油脂、原材料的飞散、溢出、泄漏而造成的脏污 ③解决涂膜卷曲的问题，清除金属面的锈迹 ④清除不必要的标识 ⑤明确尚不明了的描述

续表

类别	清扫部位	清扫要点	清扫重点
设备及附属机械	②控制盘、操作盘内外	①有无不需要的物品、配线 ②有无劣化部件 ③有无螺丝类的松动、脱落等现象	①清除因长年放置而堆积的灰尘、垃圾、污垢 ②清除因油脂、原材料的飞散、溢出、泄漏而造成的脏污 ③解决涂膜卷曲的问题，清除金属面的锈迹 ④清除不必要的标识 ⑤明确尚不明了的描述
	③设备驱动机械、配件（如链条、链轮、轴承、马达、风扇、变速器等）	①有无过热、异响、震动、缠绕、磨损、松动、脱落等现象 ②润滑油是否泄漏 ③点检的难易度	
	④仪表类（如压力、温度、浓度、电压、拉力等仪表的指针）	①指针是否摆动 ②指示值是否失常 ③有无管理界限 ④点检的难易度	
	⑤配管、配线及配管附件（如电路、液体、空气等的配管、开关阀门、变压器等）	①有无内容/流动方向/开关状态等标识 ②有无不需要的配管器具 ③有无裂纹、磨损	
	⑥设备框架、外盖、通道、立脚点	点检的难易度（阴暗、阻挡、狭窄）	
	⑦其他附属机械（如容器、搬运机械、叉车、升降机、台车等）	①有无液体/粉尘泄漏、飞散现象 ②原材料投入时有无飞散现象 ③有无搬运器具点检	
周边环境	⑧工夹具及存放物品的工具柜、工装架等	①有无标识和乱摆放问题 ②保管方法等	①整顿在规定位置以外置放的物品 ②整理多于正常需求的物品 ③应急时可使用物品的替换 ④整顿乱写乱画、溜达闲逛、乱摆乱放等现象
	⑨原材料、半成品、成品（含存放架、存放台）	①有无标识和乱摆放问题 ②保管方法等	
	⑩地面（如通道、作业场地及其区域画线等）	①有无区域画线，是否模糊不清 ②不需要物、指定物品以外的放置 ③通行与作业的安全性	

续表

类别	清扫部位	清扫要点	清扫重点
周边环境	⑪保养时用的机器、工具（如点检、检查器械、润滑器具、材料、保管棚、备品等）	①放置、取用 ②计量仪器类的脏污、精度等	①整顿在规定位置以外放置的物品 ②整理多于正常需求的物品 ③应急时可使用物品的替换 ④整顿乱写乱画、溜达闲逛、乱摆乱放等现象
	⑫墙壁、窗户、门	①脏污 ②破损	
备注：			

表 5-3-2　办公室部门清扫行动检查表

部门：		部门主管：			时间：　年　月　日		
区域划分	点检地点	清扫人	清扫频率	清扫标准		达成状况	备注
办公室部门	地面(毯)		每天一次	无垃圾			
				无污垢			
				无破损			
	墙壁		每周一次	无脚印及其他痕迹			
				无过期张贴物			
				悬挂物或张贴物整齐、有序			
	办公桌		每天一次	桌面干净、明亮			
				桌下无杂物垃圾			
				台面干净、明亮			
	办公台		每天一次	计算机下面无灰尘			
				台面下无杂物、垃圾			

续表

部门：			部门主管：		时间：	年 月 日	
区域划分	点检地点	清扫人	清扫频率	清扫标准		达成状况	备注
办公室部门	计算机		每天一次	主机表面及下面无灰尘			
				显示器表面无灰尘			
				键盘表面及下面无灰尘			
				鼠标无灰尘			
				音响表面及下面无灰尘			
				电线捆绑整齐			
	复印机（传真机）		每天一次	设备外表面无灰尘			
				设备后面无灰尘			
				一般不打开的部位无灰尘			
	空调		每天一次	外表面无灰尘			
				送风口无灰尘			
			每周一次	背部无灰尘			
				顶部无灰尘			
	文具		每天一次	文具盒无灰尘、无废弃文具			
			每天一次	文具形迹完好			
			每天一次	文具库存完整			
	文件档案		每天一次	文件柜表面无灰尘			
			每周一次	文件柜顶、后部无灰尘			
			每周一次	文件柜内无废弃文件			
			每年一次	机密文件定期销毁			
			每周一次	一般文件背面可用			

续表

部门：		部门主管：		时间： 年 月 日		
区域划分	点检地点	清扫人	清扫频率	清扫标准	达成状况	备注
办公室部门	文件档案		每周一次	将不可利用的集中放置于废料仓		
	照明设备		每周一次	无破损、无灰尘		
	天花板		每月一次	无灰尘、无污点		
核准：		审核：		制定：		

表 5-3-3　生产部 6S 区域清扫部位与要求

项目	清扫部位	清扫周期	要求	年　月					
				1	2	3	4	……	31
机器设备	内外部污垢、周边环境	停机时	眼观干净，手摸无积压灰尘						
			地面无明显废屑。对正在生产的设备，其周围地面不能有两种材料的废屑（未生产的材料无明显废屑）						
地面	表面	每天	保持清洁，无污垢、碎屑、积水等						
	通道		无堆放物，保持通畅						
	摆放物品		定位放置，无杂物，摆放整齐，无压线						
	清洁用具		归位摆放整齐，保持用品本身干净						

· 202 ·

续表

项目	清扫部位	清扫周期	要求	年 月					
				1	2	3	4	……	31
墙或天花板	墙面	每天	干净，无蜘蛛网，所挂物品无灰尘						
	消防		灭火器指针指在绿色区域，有定期点检						
	开关、照明		部门人员清楚每一个开关所控制的照明和设备						
			标识清楚，干净无积尘，下班时关闭电源						
	门窗		玻璃干净，门及玻璃无破损，框架无积尘						
	公告栏	每周一次	无灰尘，内容及时更新						
	天花板	有脏污时	保持清洁，无蜘蛛网、无剥落						
工作台办公桌	桌面	每天	摆放整齐、干净，无多余垫压物						
	抽屉		物品分类存放，整齐清洁，公私物品分开放置						
	座椅/文件		及时归位，文件夹分类标识清楚						
箱或柜	表面		眼观干净，手摸无尘，无非必需品						
	内部		分类摆放整齐、清洁						
茶桌	茶杯/茶瓶		摆放整齐，茶杯/茶瓶表面干净、无污渍						
	表面		保持清洁，无污垢、积水等						

项目	清扫部位	清扫周期	要求	年 月					
				1	2	3	4	……	31
工具设备	表面	每天	不使用时,归位放置,摆放整齐、稳固,无积尘、无杂物,放在设备上的物品要整齐						
组长或区域负责人签字:									

注：

（1）每天上午 9:00 由值日员工确认，合格在相应栏内画"○"，不合格应立即整改；不能立即整改的，先画"△"，待整改后画"○"。

（2）每天上午 9:00 以后，区域负责人检查确认（生产车间由组长检查确认）并在确认栏签字，将检查情况记入"6S 个人考核记录表"。

（3）每天 6S 管理推行委员会主任和副主任对各区域进行不定时检查，对不符合的项目按评分表进行扣分。

（4）各区域负责人要监督管理好所管辖区域的 6S 状况，确保所管辖区域清洁，及时制止非本部门的同事在本区域内逗留等不符合 6S 审核标准的情况。

5.3.3 清扫的实施步骤

清扫的实施步骤主要包含以下 8 项内容。

（1）对参与 6S 活动的成员进行阶段工作开展前的培训。清扫环节的培训需要注意以下两方面。

① 通过培训让所有参赛员工清楚检查的内容和检查方式。

② 培训区域划分时，可以加入实地讲解环节，让参赛单位能更清楚区域的划分。

（2）制定《生产现场 6S 分层检查机制》。

（3）绘制车间整体布局图，划分竞赛小组区域。

（4）培训检查机制及竞赛区域划分。

（5）启动竞赛方案，开始检查评比，并进行阶段激励、宣传。竞赛评比的实施具体如下。

① 制作检查表并培训。

② 制作检查轮值表。

③ 培训问题解决流程。

④ 定时统计问题不合格率，进行统计排名。

⑤ 定时举行颁奖仪式，对获奖小组进行奖励及表扬宣传。

（6）制作工位 6S 点检标准。对区域的各部位进行清扫周期、清扫要求、目标和责任人的确定，保证各部位的干净整洁。

（7）制作车间工位栏板。

（8）组织清扫阶段验收。

5.3.4　清扫后的检查标准

清扫的有效实施，离不开明确的检查标准和严格的检查过程。因此，企业应当通过制定分层检查机制让各级管理人员对现场进行检查、监督，通过检查不断改进现场存在的不足。

对此，企业可以根据实际情况和相应标准，制作"清扫检查表"，用于清扫后的检查，如表 5-3-4 所示。

表 5-3-4　清扫检查表

部门：　　　　　　　　　检查者：　　　　　　日期：

分类	序号	检查点	检查		对策（完成日期）
			是	否	
库存品	1	是否清除与制品或零件、材料有关的碎屑或灰尘			

分类	序号	检查点	检查		对策（完成日期）
			是	否	
库存品	2	是否清除或洗净零件所产生的污物			
	3	是否清除库存品保管棚架上的污物			
	4	是否清除半成品放置场所的污物			
	5	是否清除库存品、半成品的移动栈板上的污物			
设备	1	是否清除机器设备周边的灰尘、油污			
	2	是否清除机器设备下方的水、油和垃圾			
	3	是否清除机器设备表面的灰尘、污垢、油渍			
	4	是否清除机器设备侧面或控制板套盖上的污垢、油渍			
	5	是否清除油量显示表或压力表等玻璃表盘上的污物			
	6	是否将所有的套盖打开，清除其中的污物或灰尘			
	7	是否清除附着于气压管、电线上的灰尘、垃圾			
	8	是否清除开关的灰尘、油垢等			
	9	是否清除附着于灯管上的灰尘（使用软布）			
	10	是否清除段差面的油垢或灰尘（使用湿抹布）			
	11	是否清除附着于刀具、治具上的灰尘			
	12	是否清除模具上的油垢			
	13	是否清除测定器上的灰尘			

分类	序号	检查点	检查		对策（完成日期）
			是	否	
空间	1	是否清除地板或通道上的沙、土、灰尘等			
	2	是否清除地板或通道上的积水或油污			
	3	是否清除墙壁、窗户等的灰尘或污垢			
	4	是否清除窗户玻璃上的污垢、灰尘			
	5	是否清除天花板或梁柱上的灰尘、污垢			
	6	是否清除照明器具（灯泡、日光灯）上的灰尘			
	7	是否清除照明器具盖罩上的灰尘			
	8	是否清除棚架或作业台等的灰尘			
	9	是否清除楼梯上的油污、灰尘、垃圾			
	10	是否清除梁柱上、墙壁上、角落等处的灰尘、垃圾			
	11	是否清除建筑物周围的垃圾			
	12	是否使用清洁剂将外墙的脏污加以清洗			

综合结论：

5.4　清洁的实施策略与方法

5.4.1　清洁的核心内容

清洁的核心内容，就是贯彻 3S（整理、整顿、清扫），维持工作环境的卫生，激发全体员工推行 6S 的动力，寻找 6S 改善的机会，并实现企业 6S 管理活动的持续改善。

无论做任何事情，都忌讳半途而废。清洁是 6S 管理活动继续、改善的开始。清洁就是通过对整理、整顿、清扫活动的坚持与深入，消除发生安全事故的根源，从而创造一个良好的工作环境，使员工能愉快地工作。

其核心内容如下。

① 车间环境不仅要整洁，而且要保持清洁卫生，保证工人身体健康，激发工人的劳动热情。

② 不仅物品要清洁，工人自己也要注意个人卫生，如工作服要干净，仪表要整洁，按时理发、剃须、修指甲、洗澡等。

③ 工人不仅要做到外表上的清洁，而且要做到精神上的"清洁"，待人要讲礼貌，要尊重别人。

④ 要使环境不受污染，进一步消除空气中的异味、粉尘、噪声和污染源，消除职业病。

维持前 3S（整理、整顿、清扫）的成果，并将其制度化、标准化、规范化，严格贯彻执行、定期检查，时刻保持干净、整洁、清爽、美观的环境。

维持前 3S（整理、整顿、清扫）成果形成的标准、制度，若不严格执行，员工会养成忽视、敷衍的心态，最终导致精益 6S 管理活动"一紧、二松、三垮台、四重来"这样的前功尽弃的结局。

一般而言，6S 清洁的实施主要包含以下 3 个步骤。

1. 制定专门的手册

整理、整顿、清扫的最终结果是形成"清洁"的作业环境。要做到这一点，动员全体员工参加整理、整顿是非常重要的，所有的员工都要清楚自己应该干些什么，在此基础上将大家都认可的各项应做工作和应保持的状态汇集成文，形成专门的手册，从而达到确认的目的。

清洁手册要明确以下内容。

（1）作业场所地面的清洁程序、方法和清扫后的状态。

（2）确定区域和界线，规定完成后的状态。

（3）设备的清扫、检查的进程和完成后的状态。

（4）设备的动力部分、传动部分、润滑油、油压、气压等部位的清扫、检查的进程及完成后的状态。

（5）工厂的清扫计划和责任者；规定清扫实施后的日常的检查方法。

2. 明确"清洁的状态"

所谓清洁的状态，它包含有 3 个要素：干净、高效、安全。这就是我们称之为缺一不可的"清洁的状态"。

在开始时，要对"清洁度"进行检查，制定详细的检查表，以明确"清洁的状态"。

（1）地面的清洁状态应该是怎样的。

（2）窗户和墙壁的清洁状态应该是怎样的。

（3）操作台上的清洁状态应该是怎样的。

（4）工具和工装的清洁状态应该是怎样的。

（5）设备的清洁状态应该是怎样的。

（6）货架和放置物资的场所的清洁状态应该是怎样的。

只有明确了这些清洁的状态之后，才可以进行清洁检查。

3. 定期检查

同清洁的状态相适应的，比保持清洁更重要的要素是保持场地高效率作业的状态。为此，不仅要在日常的工作中检查，还要定期地进行专门检查。虽然可以按检查表中的项目来检查，但是这些检查对象不仅仅单指"清洁度"，还要检查"高效的程度"，效率是定期检查的要点，这同样需要制定检查表。

这一检查要求现场的图表和指示牌设置位置合适；提示的内容

合适；安置的位置和方法有利于现场高效率运转；现场的物品数量合适，没有不需要的物品。

维持前 3S（整理、整顿、清扫）的成果，为标准化、制度化、规范化奠定基础，并在此基础上，通过持续改进，进一步改善环境，使精益 6S 管理活动成为习惯和制度，从而形成积极向上的企业文化。

5.4.2 如何定期检查前 3S 的情况

清洁是将 6S 管理活动成功融入企业血液的关键。为了避免企业成员在 6S 活动中出现懈怠，企业应当定期检查前 3S 的情况，具体包含以下 6 项内容。

① 准备好验收表。

② 安排好验收路线（将区域划分成几个部分）。

③ 验收过程中记录发现的问题。

④ 验收完成后进行总结。

⑤ 将验收过程中发现的问题记入问题对策表中并跟踪解决。

⑥ 通过验收分数的统计（或推行小组的表决）决定是否进入到素养阶段。

与此同时，企业也可以号召企业成员进行自我点检，以优化清洁的实施效果。具体而言，企业可以制作"员工 6S 自我点检表"，让员工对自己的 6S 活动进行检查，如表 5-4-1 所示。

表 5-4-1　员工 6S 自我点检表

序号	查核项目	查核结果
1	工作场所内有无不需要的物品堆放（材料、部品消耗品、备品备件、杂物、文书、张贴物），暂时不能移走的不用物品（含设备等）有无标识（如禁止使用、不合格品区等）	

序号	查核项目	查核结果
2	工具箱、柜子内有无存放规定以外的物品，工作台、桌、柜有无存放消耗品、私人物品	
3	门窗、墙壁有无损坏、油漆剥落等现象，管线、资料、物品是否凌乱、损坏	
4	搬运工具、器具、物品等有无定位放置于指定场所并摆放整齐，便于拿取归位	
5	是否已做好品种、品名的标识(货架及备品物件上有无注明品种名称，文件及备用品的品名是否注明等)	
6	有无挂牌注明场所或地点	
7	地面有无油污、纸屑、灰尘、泡沫、垃圾等，墙壁上有无手印、脚印、粘贴纸，门窗、棚架、天花板墙角、日光灯、灯架有无灰尘、蜘蛛网，垃圾箱是否溢满、周围有无垃圾遗落	
8	机器、检测器具、空调、空压设备、配电设备、搬运工具等有无油污、灰尘(通道内有无杂物，机架、油污、废丝，干燥设备有无油污、灰尘等)	
9	是否已养成清扫和擦拭的习惯(当班中规定打扫、擦拭几次、有无记录)	
10	作业服(或称工作服)是否干净(不可穿有脏污、油污的作业服)	
11	储存柜是否清洁、完好，柜内是否杂乱	
12	有无考虑不弄脏的办法(例如在修复漏油处前，先放置渗油器具，机器修理时怎样不弄脏地面等)	
13	是否穿所规定的鞋子，如不能穿拖鞋上班，是否有人违规	
14	工作场所有无吃零食以及将私人物品带入现场的现象，包括更换的衣物、鞋子、雨具	
15	电话、对话时气氛是否良好、有礼貌，针对语言、行动的不好之处，上司是否及时纠正	
16	是否有乱扔垃圾及见到垃圾不拾起的现象	
17	规章制度的遵守情况如何(禁烟，遵守上下班时间，遵守开会时间，遵守请假制度，工作场所有无嬉戏、喧哗、口角、打架，遵守规定的操作等)	

序号	查核项目	查核结果
18	是否对所属部门的员工实施 6S 教育，其程度如何（查问时员工能否讲出 6 个 S 的含义，有无培训计划和教育培训签到表）	
19	是否有分工负责的清扫责任区、清扫责任者和清扫制度，责任区有无明确标识	
20	班长、车间主任、科长是否每天按规定的次数进行点检，是否填写点检评分表并督导、帮助下属人员完成规定的点检工作	

5.4.3　如何进行目视管理

目视管理就是通过视觉促使人的意识发生变化的一种管理方法。

现场管理人员组织、指挥生产，实质是在发布各种信息。操作工人有秩序地进行生产作业，就是接收信息后采取行动的过程。在机器生产的条件下，生产系统高速运转，要求信息的传递和处理既快又准。如果与每个操作工人有关的信息都要由管理人员直接传达，那么不难想象，拥有成百上千工人的生产现场，将要配备多少管理人员。

目视管理为解决这个问题找到了便捷之路。它告诉我们，迄今为止，操作工人接受信息最常用的感觉器官是眼、耳和神经末梢，其中又以眼睛最为普遍。

可以发出视觉信号的工具有仪器、电视、信号灯、标识牌、图表等。其特点是形象直观，容易认读和识别，简单方便。在有条件的岗位，充分利用视觉信号进行显示，可以迅速而准确地传递信息，无须管理人员现场指挥即可高效组织生产。

在进行目视管理时，企业应当注意以下事项。

注意事项一：对事不对人。

当出现问题时要协助当事人来共同查找原因并进行改善，千万不要说伤害感情的话，比如以下内容。

①"你是怎么搞的？你还想不想干了？"

②"我从来没见过像你这么笨的人。"

③"我告诉你这样做，你却偏要那样做，又出毛病了吧，你自己看着办吧。"

这些话都是比较伤人的。要特别注意，进行目视管理的目的是使这个企业、团队变得更好。所以员工如果犯了错，要针对事情去解决问题，千万注意要对事而不是对人。因为语言稍微不慎，就很有可能在企业内部造成不良影响。尤其是有的同事平常就有各种嫌隙的，在推行或审核过程中就应该更加注意。要注意只是判定事情对错，而不是根据这个人来判定他做的事情对或错。

注意事项二：要标准化、制度化。

问题出现了，很多主管都会习惯性地这么说："我都跟他们说过了，他们也会注意的。"时间一长或人员一旦发生变动，老问题就又出现了，这是没有标准化、制度化的结果，所以一旦问题出现，就要揪住不放，追查到底。

这个问题说明了任何一个员工，新到这个部门的也好，或新上岗的也好，都需要有标准书。某个机器怎么用，什么时间整理、整顿、清扫等，这些都是要有标准的。

推行 6S 管理应是一种持续不断的工作。而持续不断的工作就是要让企业所有的员工，不管是老人或新人，都要养成整理、整顿、清扫、清洁、提高素养的习惯。清洁的目的就是要标准化与制度化。所以，企业要通过教育来引导员工。

推动标准化、制度化，要注意的内容如下。

①是否找到了真正的原因？

②有没有对策？对策是否有效？对策是否已经写入了 6S 指导书中？

③是否每一个作业员都清楚明白？

注意事项三：制定"防呆"措施。

仅凭培训教育是解决不了问题的，还要制定"防呆"措施。具体内容如下。

① 超市入口禁止外出，安装单向旋转杆。

② 禁止鸣喇叭的城市，机动车撤销喇叭装置。

注意事项四：布告、通告栏方面的注意事项。

通告、海报都是起告知作用，是目视管理的一种常用的方法。宣传涉及的面很广，主要是能引起很多人的注意，所以要特别重视宣传工作。

布告通告栏的注意事项如下。

① 要在指定场所张贴，不要随处张贴。

② 要清楚地区分适用范围，并标明紧急、对外或职员通信等字样。

③ 指明有效的期限或随时更新，海报必须符合一定的规格，并配合适当尺寸的文字及图片。

④ 事先应该测量好相关距离，确定好悬挂的位置，不要让这些海报挡道或阻碍通行。

⑤ 如果海报贴在墙壁上，必须固定好，以免打开窗户或行人走过时被刮到地上。

⑥ 通告的内容可以手写，但必须易认易读，最好使用计算机打印文字或图画，放置的高度和地点都必须仔细地考虑，以便人们能看到这些标识牌上的全部内容。

5.5　素养的实施策略与方法

5.5.1　素养活动的价值

素养活动的本意在于以4S（整理、整顿、清扫、清洁）为手段，完成基本工作，并在此过程中，养成良好习惯，对规定的事务都按照规定正确实行，从而达到相应效果。具体内容如下。

① 不会发生不良状况。

② 可谋求成本的降低。

③ 不会延误交货期。

素养，是对自身的高要求。而在实施过程中，只有坚持不懈地培训教育，才能真正引导员工养成良好习惯。

素养活动的目的就在于提升人的品质，培养员工成为对任何工作都细致、认真的人。

一切活动都靠"人"，假如"人"缺乏遵守规则的习惯，或者缺乏主动的精神，那么6S的推行就容易流于形式，不易持续。

很多企业的管理者常常抱怨，安全工作搞不好，主要是因为员工的素质太差，文化程度太低……

员工素质低在一定时期内是一个事实，但一个更为现实的问题是，作为管理者，我们又为此做了些什么呢？我们调查了哪些数据？我们配备了哪些设施？我们进行了哪些教育培训？我们为改变做了哪些努力？

基于这样一个视角，管理者也应当认识到：素质低，不是员工的错。管理者的责任就是要营造一个规范员工行为的管理环境，指导员工、培训教育员工，不断提高员工的技能和素质。

因此，在6S管理的实施中，企业始终要重视员工素养的提高，努力营造良好的6S活动环境，引导企业员工提升素养，使员工养成严格遵守规章制度的习惯和作风，这也是6S管理活动的核心。

5.5.2　素养活动的推行步骤

前 4S 是基本活动，也是手段，它能使员工在无形中养成一种保持整洁的习惯。要推行素养活动，也必然需要经历这样的一个过程，如图 5-5-1 所示。

制度化　→　行动化　→　习惯化

图 5-5-1　推行素养活动的过程

其具体推行步骤如下。

1. 建立共同遵守的规章制度

6S 管理中，共同遵守的规章制度包括以下几点。

（1）厂规厂纪。

（2）各项现场作业标准。

（3）生产过程工序控制要点和重点。

（4）安全卫生守则。

（5）服装仪容规定。

2. 6S 管理将各种规章制度目视化

目视化可以让规章制度一目了然。规章制度目视化的做法如下。

（1）制成管理手册。

（2）制成图表。

（3）制成标语、看板。

（4）制成卡片。

3. 实施各种教育培训

企业通过以下各种教育培训进行思想动员，使员工建立共同的 6S 管理理念。

（1）为新进人员讲解各种规章制度。

（2）对老员工进行新订规章的讲解。

（3）各部门利用早会、晚会时间进行 6S 管理教育。

4. 要及时纠正下属的违规行为

一旦发现下属有违规行为，主管要当场予以指正。否则，下属有可能会一错再错，或把错误当成"可以做"而继续做下去。

5. 违规者必须立即改正

违规者须立即改正或限时改正错误行为。违规者改正错误之后，主管必须再进行检查，直到其完全合格为止。

6. 开展各种积极向上的活动

在企业中开展各种积极向上的活动，以调动员工积极性。

（1）早会、晚会。

（2）推行方针政策和目标管理的活动。

（3）礼貌教育活动。

（4）实施适合企业员工自主改善的活动。

其中需要强调的是，很多企业的早会制度普遍被员工诟病，比如形式主义、"打鸡血"等。但其实，早会制度的有效实施，能够帮助全员提升集体意识，并迅速进入工作状态。早会也是传达上级精神的重要场合，有助于进行工作动员、改善内部关系。

因此，企业应当充分利用早会时间，发挥早会制度应有的效果。

早会应在每天早晨正常上班铃响后开始，控制在 10 分钟之内，并要注意以下内容。

① 全体员工都应一致表现出坦诚地提出意见的意愿。如有争议或主张，可以坦诚表达。

② 不批评、评价他人的提案，不打小报告。

③ 有关早会的方式，若有异议，如有新方法或不同的构想，可随时提出来。

④ 早会记录于次月 4 号前上交管理部门，作为 6S 考核评分依据之一。

素养不仅是 6S 管理的"最终结果"，更是企业经营者和各级主管所期待的"最终目的"。如果企业里每一位员工都有良好的习惯，并且都能遵守规章制度，那么工作命令的执行、现场工艺纪律的遵守、各项管理工作的推进，都将很容易落实并取得成效。

5.5.3 素养活动的范例

素养活动的有效实施，离不开相应规范的明确，以及后续执行中的指责及纠正。

1. 个别问题纠正及预防措施通知

对现场存在的个别问题，企业可以制作并发布《纠正及预防措施通知》，说明现场存在的问题，并要求相关人员进行整改，并及时反馈、跟进结果，如表 5-5-1 所示。

表 5-5-1　纠正及预防措施通知

不合格点的说明：		编号：
审核日期：　　　月　　日		审核员 / 记录员：
审核地点：楼仓存区		违反标准：
改善前相片		不合格点的说明：
		闲置木柜、铁柜、传送带、包装机、垫模板、超声波清洗缸等放置较乱，未定位放置，也无明确标识
纠正及预防措施：		
纠正人：　　　　　纠正日期：　　　年　　月　　日		

改善后相片	纠正及预防措施：
	划分区域、分类摆放、明确责任人

跟进结果：合格。× 月 × 日跟进时，该区域已重新划分，机器及物料均重新摆放整齐和标识清楚。

跟进者：＿＿＿＿＿＿　　　　审批：　年　月　日

2. 建立 6S 常见问题整改备忘录

在 6S 活动的推行及检查过程中，企业往往会发现大量需要改善的问题，以及一些各区域常见的问题。对此，企业可以建立"6S 常见问题整改备忘表"，提出改善建议，并明确责任人、限定完成日期，如表 5-5-2 所示。

表 5-5-2　6S 常见问题整改备忘表

跟进日期：　　　　　　　　　　跟进人：

序号	问题点改善建议		责任人	计划完成日期	跟进情况
1	地上无指示方向的箭头	需要在地上用绿色颜料画出地标指示方向			
2	仍未确定责任人及划定责任区，应制作好标识	对做好防护的设备应标识责任区及责任人			
3	划分好的区域内仍存放很多杂物	（1）确定区域责任人，实行责任到人制度 （2）区分要与不要的物品，并将不要的物品移除 （3）将有用的物品进行合理包装后整齐存放，并标识清楚			

续表

序号		问题点改善建议	责任人	计划完成日期	跟进情况
4	未实行定位放置，设备及相关物品放置凌乱	对设备实行定位，整齐划一地进行存放，并将配套胶筐等也实行定位放置，并画好定位线			
5	设备上的标识牌破损，状态不明确	制作一个统一的标识牌，以便每天监督			
6	设备和模具上放有其他杂物，灰尘很多	（1）对设备和模具进行全面清扫 （2）要求作业人员下班前将设备上的杂物全部放置好，并清扫设备周边的卫生			
7	设备有漏油现象，污染地面，影响美观	（1）检查设备漏油的部位并全面修理 （2）将这方面的工作纳入设备日常保养要求范围内			
8	消防设施下面堆放有杂物	（1）移除消防设施下面的杂物 （2）按要求在消防设施下方画警示线			
9	电源控制箱上没有安全警告标识	购置规范的安全警告标识，并在下方画警戒线			
10	开关无对应的标识	所有开关均按要求贴上标识			
11	空气压缩机设备内侧脏乱	（1）划定此区域责任人 （2）要求定期清扫			
12	物品放置区没有画区域线，没有做好对应的区域标识	（1）分析此区域存放物品的必要性，如有必要，则需要划定固定区域，并做好区域标识并确定责任人 （2）对所有物品进行整理和整顿			
13	有些物品仍未进行整理和整顿	参考整理、整顿执行标准，按要求进行定点定位放置并标识清楚			

续表

序号	问题点改善建议		责任人	计划完成日期	跟进情况
14	模具架看板损坏未处理	重新制作统一的模具架看板，并重新统一清单格式			
15	模具架上的模具标识用手写，太随意	改用统一的字体、字号，并打印标识			
16	电话线随意张挂	改用线管或使用隐藏的方式			
注：跟进情况栏中的符号：☆——已安排；◎——实施中；○——已完成。					

5.6　安全的实施策略与方法

5.6.1　安全的价值

安全也是生产力，安全第一，预防为主。培养员工的安全意识，强化对各种不安全的人为因素、非人为因素的预知、预防，并彻底消除各种不安全因素，创造一个安全、健康、舒适的工作环境，增强员工对企业的信心。

6S 安全是指消除各种隐患，排除各种险情，预防各种事故的发生，保障员工的人身安全，保证生产安全，减少意外事故造成的财产损失。

安全是所有行业都要注意的重要问题，只有保障安全才能保证项目的顺利实施，才能为企业创造效益。然而，很多企业还是会出现各种安全事故，事故的发生有时候会带来不可弥补的损失。所以，安全管理不容忽视。因此，针对各行各业的特点以及事故发生的原因，企业有必要提前做好预防措施，不断改善，保证生产安全。

当安全行为与节省时间、节省体力、舒适状态及经济利益等发生冲突时，故意性不安全行为成了顽疾，重生产、轻安全、违章指挥、违章作业等危险行为屡禁不止。

这就是推行 6S 管理工作的难点所在，不仅要求企业在安全作业指导书方面要写得专业，要求企业在培训、考核和监督方面更加细致具体，还要求在安全标识和员工的自觉性方面进一步进行提升。

所以在 6S 管理的推行过程中，对安全要尤其重视。当然，这可以在推行整理、整顿、清扫时建立程序，在推行清洁和素养活动时提升员工的自觉性。

另外，对企业来说推行 6S 需要一定的资金投入。所以，在安全方面也就必然会投入一定量的资金，但由于一些企业管理者仅仅考虑当前的经济利益，而对投入的预防性或效果的隐含性（当发生安全事故的时候起作用）弃之不理。这在一些民营的企业中体现得较为明显。

例如，电视上经常报道的某某皮革企业不重视工作环境的空气质量，导致员工瘫痪或患上尘肺病等。这类人为因素是由企业管理者造成的，而员工是不情愿的，甚至是不知情的。

这就需要企业构建安全制度和监督机制，根据事故发生理论和预防原理，运用系统的思维和安全的系统工程科学方法、技术，结合各自企业生产的特点，分析危险、危害事故的成因及相关要素，掌握事故的发生规律，全面、全过程、全天候地进行安全预防工作，做到人人、处处、事事、时时都把安全放在首位。

从控制事故的源头开始，层层设防，环环相扣，把"预防为主"的安全生产方针落到实处，完善 6S 制度、安全制度，确保制度不折不扣地执行。

健全安全监督管理体制，企业除了进行例行的 6S 检查外，还要特别建立安全的检查机制，从而对故意性不安全行为进行有效监督和约束。

当然，同推行 6S 素养活动一样，推行安全最终也是要形成良好的习惯，甚至是形成企业的文化。安全制度的培训和教育，最终就是要把安全生产变成一种特定的文化。长期反复地刺激，使安全生产理念成为员工认同并接受的价值观。

因此，在推行6S安全活动时，企业应当树立以下6个理念。

1. 价值创造理念

一说到安全，很多人在认识上有一个误区，认为企业安全管理"只有投入，没有产出"，是一桩赔本的买卖。这是对安全管理实质的一个极大误解。

之所以产生这样的误解，主要有3个方面的原因。

（1）把安全与生产、质量、成本等相提并论，安全被看作是一个专业。与其他专业相比，安全对企业的经济效益是没有贡献的或是有负面的效果。其实，无论对企业还是个人，安全是最根本的基础和前提。

（2）被眼前的利益蒙住了眼睛。由于看重眼前利益，漠视安全工作而招来灭顶之灾的例子比比皆是。

（3）未强调安全工作者的责任。人们一直在讲"人的生命是无价的""安全是最大的效益"等，但安全管理具体能给企业带来的好处都有哪些？除了保障人的生命安全和健康以外还有什么好处？安全工作者没有把这笔账给管理者算清楚。6S安全强调安全的价值创造理念，就是要加强对这一方面的研究。

需要指出的是，以消除缺陷和现场浪费为着力点的6S安全管理，带来的收益不仅仅是员工的安全意识的提高、隐患的排除和事故的减少，同时也能带来相应的经济效益的提高。

2. 主动关爱理念

6S安全管理主动关爱的理念以前很少被人们所重视。所谓主动关爱，其含义是"在一个组织背景下，一种能使其他员工的安全尽可能得到充分保障的员工行为"。

主动关爱理念主要包含3个层次的关怀。

（1）组织对员工的关爱。比如，员工作业环境的改善和劳动条件的改善；夏季的防暑降温措施；员工的职业健康与卫生措施等。

（2）上司对下属的关爱。比如，对下属安全行为的直接指导；对一直保持安全工作状态的员工的表彰和奖励等。

（3）员工之间的相互关爱。比如，发现自己身边的员工有任何不安全行为和缺陷时，能及时地纠正、制止和劝阻等。比起 6S 安全管理人员的专门检查，员工之间的主动关爱更能够适时地、全面地、准确地发现和纠正工作中的不安全行为。

大家非常熟悉以人为本的理念，而主动关爱理念就是人本理念的具体体现。它们的不同之处在于以人为本理念更全面、更宏观，而主动关爱理念更"草根"、更易操作一些。

3. 自愿自主理念

在企业调研的过程中，很多从事安全管理的同行跟笔者抱怨："现在安全管理越来越不好干了，什么办法都用过，刚开始还管点用，但很快就没有什么效果了。有些办法在别家企业好使，为什么到了我们的企业就不好使了呢？"这几年，大家想了很多办法，下了不少力气，但总感到效果不那么如意。

6S 安全管理有一个非常重要的理念叫作"自愿自主理念"。"自愿"是针对员工个人的；"自主"是针对基层组织的。准确地理解和实施自愿自主理念是解决当前安全管理工作中诸多困惑的"对症良药"。一切问题的根源来自"强迫"。如何调动员工主动参与、自愿参加的积极性，如何提高基层组织自主管理的能力，是当前企业安全管理的两大课题。

4. 改善优先理念

大家都知道，为了防止事故再次发生，必须要采取一系列防范措施，在这些措施当中，6S 安全管理有一个重要的理念叫"3E措施"。

3E 措施即采取教育培训措施（Education），利用各种形式的教育和训练，使员工树立"安全第一"的思想，掌握安全生产所必备的知识和技能；惩治管理措施（Enforcement）：借助于规章制度、法规等必要的行政乃至法律的手段约束员工的行为；工程技术措施（Engineering），运用工程技术手段消除不安全因素，实现生产工艺、机械设备等生产条件的安全。

那么，在这些措施当中哪些措施是最可靠、最有效的？他们的优先顺序是什么？

对这些问题，东西方有不同的看法，不同的人观点也不一样。

6S安全倡导"改善优先理念"，提倡工程技术措施优先的原则。6S安全认为：人的错误行为是造成事故的最主要原因，采取教育培训措施、惩治管理措施等规范人的行为，无疑是很重要的。但是，人的行为具有很大的不确定性，人的情绪、身体状态、外部环境等都会影响到人的行为。总之，人是比较不可靠的。

3E措施当中，工程技术措施是本质化的安全措施。在现场应优先实施技术改造、机构和装置的创新以及各类现场改善。在工程技术措施的基础上，配合教育培训措施、惩治管理措施等。

5.安全，体现在行动上

有这样一个场景：一名焊工站在一个升降平台上，正在为下料机的一处漏洞补焊，他身上系着安全带，地面上站着3个人。看到笔者一行人走近，焊工停下手中的工作忙问下面的人："挂在哪儿？"只听下面有人说："挂在旁边的小管子上。"焊工把安全带挂在了给下料机供油的直径大约为12毫米的润滑油管上。看到这种情况，笔者问下面的一位看似负责人模样的高个子："安全带挂在那里合适吗？"他说："没事。不过，也没地方挂呀！""检修之前应该把挂点确定好啊！""老师说得是，不过这事儿还挺普遍的。"

事后，笔者在跟企业相关人员交流的时候讲到了这件事："高处作业要系安全带，大家都能做到，但在作业点施工作业时安全带挂在哪儿的问题事先没有人考虑，导致工人系着安全带却找不到挂点。安全带就变成了一个摆设，久而久之，大家就不严肃了。隐患，往往隐藏在细节里；安全，最终要体现在行动上。"

6. "我的安全时间"

安全管理要"全员参与"的道理大家都懂得，安全管理是"一把手工程"的道理大家也是赞同的，"安全第一"的重要地位大家也是非常重视的。但具体到如何参与，在什么时间，要做些什么，大家往往就模糊不清了。由于没有具体、明确的工作项目和内容，就会出现安全"说起来重要、干起来次要、忙起来不要"的现象。

任何一项管理工作，一旦失去了主动性，就不可能搞好。"管理者的时间在哪里，企业的战略就在哪里。"各级管理者要落实对安全工作的"参与"，就要首先落实"我的安全时间"。

比如，6S 安全管理为车间主任和作业长设计的"安全时间"是每月 12 小时，即"1112 安全行动方案"：每天 1 次重点危险源检查，时间 4 小时／月；每周 1 次安全行为观察，时间 2 小时／月；每月 1 次安全工作例会，时间 2 小时／月；每月 2 次现场改善发布会，时间 4 小时／月。

6S 安全关于管理者"安全时间"的理念，就是要把全员参与安全管理的行为具体落到实处。

5.6.2　如何做好安全监督

安全监督，是 6S 安全有效实施的保障。

为此，企业必须从机制和标准两方面着手。

1. 安全检查机制

应当建立公司级、部门级、岗位级的三级安全检查机制，层层考核，互相监督。设计安全检查具体实施方案和安全检查表，结合安全生产责任制，让安全检查落到实处。根据检查结果，严格考核，奖罚分明，形成良性循环。

2. 安全质量标准

根据 6S 管理要求，制定安全设施标准化管理要求，全面推进安全质量标准化工作，提高员工对现场危险源的辨识能力。对安全标志、设备标志及安全工器具、警示线、安全防护的图形和配置规范、设备巡检走向图及生产现场各层消防设施分布图等内容进行规范和明确，使现场安全设施管理达到规范和统一，为员工创造一个安全的工作环境，不断促进人、机、环境的和谐共处。

需要强调的是，班组长在班组安全工作中发挥着自己独有的监督作用。在 6S 管理中，一个班组的好坏与班组长是分不开的，那么班组长如何做到班组安全监督？

基础不牢，地动山摇。作为企业的细胞，班组安全生产无疑是企业安全基石稳固的重要保证。班组长要深知自己身上的责任是重大的。

要保证班组安全生产，切实发挥生产骨干的安全监督作用，班组长应当好安全监督的"黑脸人""内行人"和"细心人"。

（1）"黑脸人"

"黑脸人"就是班组长要时刻以"我是班组带头人，我要为班组安全负责"的强烈责任感来要求自己，敢于制止违章行为，纠正不安全行为，及时排查、处理安全隐患。

（2）"内行人"

"内行人"就是班组长必须具有过硬的安全知识、熟练的业务技术和处理现场安全质量问题的能力，否则就无法行使权力和履行义务。在工作中，班组长要严格按章作业、按标操作、干标准活，做到自身无违章，身边无事故、无隐患。

（3）"细心人"

"细心人"就是作为班组长，要经常深入细致地排查现场隐患、发现安全薄弱关键人，有针对性地加以帮助和落实整改，保证班组安全生产。同时，"细心人"还应体现在"望、闻、问、切"4 个方面。

①"望"，就是通过察言观色，细心观察班组每名员工的神态、表情和举止，从总体上把握每个员工的安全状况，并从中初步排查分

析出安全薄弱关键人，做到心中有数。

②"闻"，就是要仔细听取班组员工的谈话和议论，从中获取有价值的信息。人常说"言为心声"，无论是班前、班中、班后，班组长对职工说的话要时刻留心揣摩。有时员工说两句牢骚话，不能简单地指责和批评，而是要想到是什么原因促使他们发牢骚，既要听"话中话"，又要分析"话外音"，这样做起安全工作来才会有的放矢，事半功倍。

③"问"，就是变被动为主动，发现员工情绪异常或有不安全行为时，要主动跟进询问，掌握主动权。工作实践告诉我们，有时对职工多说一句贴心话，多一份安慰和理解，就会降低事故的发生概率。

④"切"，就是注重在动态中把握员工的安全状况，在现场中通过走、查、看、问，及时发现动态过程中的安全薄弱关键人。

此外，班组长在实际工作中还须做到"四勤两准"，具体如下。

①眼勤、手勤、腿勤、口勤。

②问题找得准，办法定得准。

尤其是在关键时间、薄弱地点，员工容易出现麻痹松懈、盲目蛮干的情况。作为班组长，更要勤看、勤跑、勤提醒，对隐患较大的问题，要敢于批评、果断制止、及时纠正，真正做到防患于未然。

只有在这样的基层监督机制下，企业才可以自下而上地真正实现安全生产，防患于未然。

5.6.3 如何做好安全培训

企业高层做出了推行 6S 管理的决策，表明了高层的决心。但要达到目标，需要全体员工的认同和参与以及各级管理层的亲力亲为，还需要通过知识培训、宣传教育、交流学习以及样板观摩等，使全体员工真正理解 6S 管理的本质。

某灯具生产企业的安全培训以"五个一"为主线，即一日一提醒、一周一案例、一旬一主题、一月一评估、一年一评比。具体内容如下。

①一日一提醒，即在每日的班前会中，就前一天生产过程中出现的安全问题和其他重点问题进行提醒。

②一周一案例，即在车间入口处播放安全事故的案例，一周一换，案例中的安全事故对作业人员可起到强烈的警示作用。

③一旬一主题，即各车间每旬对作业人员在操作过程中存在的问题进行总结，集思广益地进行操作注意点与改进方面的专题讨论。

④一月一评估，即各车间每月对作业人员的安全理论知识与安全操作行为进行评估与考试。

⑤一年一评比，即每年车间内的作业人员之间、车间之间就有无违规操作、安全事故发生率等事项进行评比，评选"年度安全生产标兵""安全生产车间"等，评选结果直接与物质奖励、岗位晋升等挂钩。

对员工进行安全培训是消除安全隐患、做好6S管理中最后一个"S"——安全的基础。

1. 培训目的

做好安全培训教育的目的如下。

（1）增强员工安全意识。

（2）帮助员工掌握安全操作技术。

2. 培训原则

如何提高员工的素质？是脱产培训还是在岗指导？培训的场地在哪里？培训的内容和教材是什么？培训老师是谁？

6S安全认为："自己的孩子不能靠别人养。"提高员工的素质和技能主要靠现场指导和在岗培训。管理者，首先是培训师。企业高管，每年应制作并讲解不少于100张幻灯片的安全培训内容；中层管理者每年不少于300张幻灯片；基层管理者每年不少于1000张幻灯片。上级要培训下级。

　　培训的时间可化整为零，灵活安排；培训的地点可因地制宜，就地取材；培训的教材要量身定制，自编为主。安全培训教育的关键是统筹计划和激励机制。

　　企业可以根据实际情况，选择合适的安全培训方式和培训时间。但要注意的是，企业必须注重安全培训的实际效果，不能流于形式。

　　快到年底了，有一次，大野耐一（丰田生产方式的创始人）到车间去。他看到一个小伙子满头大汗，在一丝不苟地埋头干活，大野耐一心里满是欢喜。可是，当他看到在小伙子工作的机器旁，那本《作业标准书》的纸面上还是干干净净的，连一处修改的痕迹都没有，顿时他气就不打一处来，叫来那名员工，把小伙子批评了一顿："难道你是来吃干饭的吗？难道你在工作中就没有发现一点问题吗？为什么干活一点脑筋也不动？"小伙子低着头，反省着自己的错误。

　　这就是丰田生产方式，它要求员工不仅要乖乖地干活儿，更要在干活儿时动脑筋。员工要不断发现现行作业标准中的问题和不足之处，为改正这个问题点在相应的地方做出标记，提出改善提案，待批准后实施改善。长此以往，持续改进。

　　反观国内一些企业的生产现场，一些员工为什么不愿意动脑筋？为什么不愿意积极参加班组安全活动？

　　问题看似出在员工身上，但其实，问题的根源在管理者身上。比如某些企业组织的安全活动就是学习公司文件、传达会议纪要、学习外厂事故案例等，基本上是老生常谈，没有新意，或与员工没有太大关系。

　　员工关心什么样的事？员工关心"三件事"！

　　①有意思的事。

　　②自己身边的事。

　　③与自己有关的事。

要想让员工积极主动地参与到企业的安全管理活动中来，就要动脑筋开发出员工感兴趣的方式、对员工有用的内容、对员工有好处的活动。

3.培训方式

安全培训教育的方式多种多样，包括课堂理论培训，讲解安全知识；宣传栏、海报；公司6S管理简报；安全知识竞赛；安全视频；安全诗歌等。

具体而言，安全培训有3种主要培训方式。

（1）课堂理论培训

课堂理论培训一般在工作时间进行。因此，为了避免工作时间的浪费，企业一定要确保课堂理论培训的效果。在课堂理论培训中，企业可以采用以下3种方式增强培训效果。

①课堂讲解。讲师在黑板（白板）上写字，借助人手一册的讲义，进行讲解。虽然没有利用视频设备进行的讲解生动，但此种方式也是培训中不可缺少的讲解方式之一。

②事故讲解。对以往发生的安全生产事故进行有针对性地回放与分析，探索事故发生的根源，可借助Flash动画、事故现场摄影等方式展现，视觉冲击力强、表现力强。

③真人演示。这种方式主要用于操作规程的讲解，演示者根据讲师要求严格按照操作规程及相关标准演示，对重点内容进行演示。

（2）班前会

利用班前会就安全生产过程中发现的问题进行现场讲解，可以起到良好的提醒作用，海尔的"6S大脚印"就是班前会的应用方式之一。

（3）消防演练

消防演练需要作业人员亲自参与，在这种形式下，员工也会有较高的参与积极性，能够营造良好的培训气氛。消防演练也是安全事故发生前的实战演练。

4. 培训考核

安全培训的具体方式因企业情况而定。但不管采用何种培训方式，都要对培训效果进行考核，可以采用笔试或实际演练等方式，避免流于形式。

5.6.4　如何做好安全识别

危险源是指可能导致人员伤害或疾病、物质财产损失、工作环境破坏或这些情况组合的根源或状态因素。

如化学品类中有毒害性、易燃易爆性、腐蚀性的危险物品，特种设备类的电梯、起重机械、锅炉、压力容器（含气瓶）、压力管道等都是危险源。

通过技术控制（如消除、隔离）、员工行为控制（如安全培训、安全操作）、管理控制（如安全检查、责任人制度）等措施可以有效控制危险源。

在日常运营管理中，企业始终要强调安全无小事！任何与安全相关的事务，都应当给予最高优先级，尽快予以处理，并给予发现者相应奖励，责任人则应承担相应惩罚。

比如某企业员工在工作中发现如下危险源。

① 作业现场砂轮机未进行安全防护，存在安全隐患，容易卷入头发和擦破皮肤，甚至引起更严重的后果。

② 软管裁切机在作业过程中无任何安全防护，手指容易进入设备内部，造成工伤事故。

③ 物料随意堆放在消火栓、灭火器及其电源开关旁边，容易引起火灾并影响灭火速度。

④ 材料焊接过程中，容易产生较多有害气体，目前排气装置效果不好，无法完全保障作业人员健康。

员工在发现危险源之后，及时上报，上级也及时做出相应的处理。

①在砂轮机外部和软管裁切机上增加防护罩，可以有效地避免安全事故的发生，保障员工的生命安全，为企业实现平安生产提供有力的支持，也为企业创造出更多的效益。

②将物料分类堆放到规定的安全位置，并做好标识，减少火灾发生的可能。

③关于焊接中所产生的废气问题，重新安装全组排气装置，使之能大量抽取有害气体，有效地保障作业人员的健康。有害气体减少了，环境得到改善，员工士气也得到提高。

为了实现这样的效果，企业管理者就必须成长为"有感领导"。

所谓有感领导就是让员工看到、听到、感受到领导发自内心地重视安全，并在实际工作中身体力行。

有感领导是发自内心地尊重生命，重视安全，其言行是一致的，不因工作繁忙忽视安全。身先士卒的领导往往自己的技术能力强，可以完成紧急任务而不会出现安全问题，但这可能会引导下属员工为紧急完成任务而违反规章。

有感领导自己可能不会具体操作，但十分重视具体技能，要求规范操作，要求任何行为都要符合安全原则。

有感领导不会认为自己比员工技术能力强，给员工提出的多是建议，让员工去思考如何改进自己的工作，而不是直接要求员工按照自己的要求去做。是"引导式"，而不是"命令式"。

有感领导的行为能激发员工发挥主观能动性去安全地做好自己的工作。例如对实际操作者，使其对规章、程序、规范等知其然，并知其所以然，并在实际执行中严格遵守。

有感领导带员工的同时在培养员工，带出的员工不是呆若木鸡，而是有头脑、有思想的员工。

有感领导尊重生命，尊重人。正像培根说的那样："严苛导致恐惧，粗暴促生仇恨。就算是权威，责备也应该严而不厉，更不应该奚落嘲讽。"

5.6.5　如何做好安全保护

6S 安全工作的根本目的是保护员工的安全与健康，防止人员伤害、职业危害和财产损失。为了实现这一目的，需要从安全技术和安全管理两方面采取措施，而安全管理往往起到决定性作用。

只有搞好 6S 安全管理才是防止事故发生的根本对策。任何事故的发生不外乎以下 4 个方面的原因。

① 人的不安全行为。

② 物的不安全状态。

③ 环境的不安全条件。

④ 安全管理的缺陷。

而人、物和环境方面出现问题的原因常常是安全管理出现失误或存在缺陷。因此可以说安全管理缺陷是事故发生的根源，是事故发生的深层次原因。

煤炭生产中的伤亡事故统计分析也表明，80% 以上的伤亡事故与安全管理缺陷密切相关。

这就说明，要从根本上防止事故发生，就必须从加强安全管理做起，不断改进安全管理技术，提高安全管理水平。只有做好 6S 安全工作，才能让企业安全得到根本保证。

企业要想最终实现 6S 安全生产管理，光有教育引导还不够，还应建立一整套安全管理机制，并配合相关部门对生产现场安全生产和 6S 安全管理行为进行有效控制。用制度规范引导员工精准执行各项规程措施、制度标准、条例规定，遵章作业，远离"三违"，促进企业 6S 安全生产管理水平的不断提高。

从具体执行来看，企业必须要做好以下两方面的安全保护。

① 员工的人身安全防护。员工必须穿戴劳动防护用品（如劳保

鞋、防护口罩等），安全培训合格后才可以上岗，并严格要求按流程制度操作。

②机器设备、设施的安全防护。采用划线定位、装配隔离栏、颜色管理等方法。

5.6.6 安全检查的标准与步骤

安全检查旨在保障员工人身安全，保证生产安全，减少因各种安全事故带来的经济损失。

敬畏原理是安全的哲学，敬畏是企业对待安全的一种态度。只有心生敬畏，树立尊重生命、财产的意识，增强安全意识，强化安全教育训练，才能有效预防各种危险的发生。

因此，安全的实施离不开严格的安全检查。在安全检查中，企业必须不厌其烦、面面俱到。

1. 管理方面

具体内容如表5-6-1所示。

表5-6-1 安全检查管理方面的内容

项目	具体内容
方针目标	①是否充分理解公司安全管理的方针和目标
	②下级是否了解工作场所的安全活动
安全活动	①工作场所是否有安全管理计划
	②工作场所是否执行了安全管理计划
	③是否进行了安全活动的结果评价
	④是否有安全标准

2. 人的方面

具体内容如表5-6-2所示。

表5-6-2　安全检查人的方面的内容

项目	具体内容
对下级的指导	① 对下级的要求是否了解
	② 是否努力去发现安全教育的必要性
	③ 是否有教育计划
	④ 是否根据教育计划进行了指导和教育，如新职工教育、特别教育、其他教育、作业内容变更教育等
	⑤ 对危险和有害作业是否进行了重点教育
	⑥ 有无教材
	⑦ 对执行结果有无评价
	⑧ 有无补充指导
	⑨ 对合作公司和相关单位是否进行了指导和教育
	⑩ 是否保存了教育结果的记录
作业中的指导	① 是否按计划巡视了现场
	② 作业的服装是否整洁
	③ 是否遵守安全操作规章
	④ 安全用具、保护用具是否能够很好使用
	⑤ 是否清楚安全标准
	⑥ 是否约定好了共同作业时的联系、打招呼的方式
	⑦ 是否有好的作业位置、作业姿势
	⑧ 是否遵守了岗位纪律
	⑨ 对新员工是否关心
	⑩ 在工作岗位上是否有好的人际关系
	⑪ 指示、命令是否适当
	⑫ 在语言使用、语气上是否有所检点
	⑬ 是否关心下级的健康情况

项目	具体内容
安全宣传教育的指导	① 安全宣传是否到位,是否包括以下内容:宣传画、标语、早会;安全值班、岗位会议、TBM(安全作业会议);安全作业表彰
	② 是否有计划地持续实行
	③ 是否动员员工积极参加预防活动、危险预报活动和安全作业会议
下级的钻研、创造	① 对工作是否抱着积极发现问题的态度
	② 是否努力培养改进小组
	③ 是否定好合理化建议制度的执行方式
	④ 是否经常召开工作场所会议和安全作业会议

3. 物的方面

具体内容如表5-6-3所示。

表5-6-3 安全检查物的方面的内容

项目	具体内容	
机械电器设备、装置的安全化	① 对设备、机械、装置是否努力实现安全化	—
	② 保护用具是否有好的性能	—
	③ 机械设备是否安全	—
	④ 机械电器装置管理得如何	动力传导装置保护得如何
		吊车的安全管理做得如何
		装卸运输机械的维护管理做得如何
		电器设备、电动工具的安全使用及保养措施如何
		对可燃性气体及其他的易爆炸物品的防护措施如何
		排、换气装置是否有故障

续表

项目	具体内容	
作业环境条件的保持和改进	① 工作场所的布局是否合理	—
	② 是否做好了整理整顿	—
	③ 放置方法	高度
		数量
		位置
	④ 放置地点是否合适	—
	⑤ 是否有好的保管方法	危险品
		有害物品
		重要物品
		超长、超大物品
	⑥ 地面上有无油、水或凹凸不平的现象	—
	⑦ 明亮度是否合适	—
	⑧ 温度是否适当	—
	⑨ 有害气体、蒸汽、粉尘是否在允许排放浓度范围内	—
	⑩ 防止噪声的措施如何	—
	⑪ 逃生通道和避难场所是否有保证	—
	⑫ 安全标识是否科学	—
	⑬ 是否努力改善环境	—
安全卫生检查	① 是否制定定期自主检查计划	—
	② 是否定期进行自主检查	—
	③ 作业开始前是否进行了检查	—
	④ 是否根据检查标准进行检查：是否有检查表，其检查日期、检查者、检查对象（机器）、检查部位（地方）、检查方法等是否正确	—
	⑤ 是否有判断标准	—
	⑥ 是否规定了检查负责人	—
	⑦ 是否改进了不良地方（部位）	—
	⑧ 是否保存检查记录	—

6S 改善提案活动的实施策略与方法

　　6S 管理是一个持续改善的过程，这就需要发动企业所有成员的力量，在工作中实时关注企业中可以改善之处，尤其是现场管理中的七大浪费问题。为此，企业就需要开展 6S 改善提案活动，为企业成员搭建一个提出问题、发挥才能、体现价值的平台。当然，6S 改善提案活动同样需要相应的管理制度作为支撑。

6.1 现场管理中的七大浪费

6.1.1 过剩生产的浪费

过剩生产的浪费主要指现场有大量在制品，而这会增加管理成本、积压资金，带来质量风险。

过剩生产的浪费产生原因如下。

① 对机器设备发生故障、出现异常以及对员工缺勤的担心。

② 每个工程的生产计划没有联系性，都作为一个"孤岛"在运转，只是生产和向前推动产品，而不管下游客户的实际需求。

③ 错误地提高运转率或追求个体效率。

④ 害怕生产线停工。

⑤ 作业人员过多。

⑥ 生产系统有问题。

实践证明，个别工序盲目追求最大产量，对优化产成品的生产周期毫无益处。各工序如何做到均衡生产，是所有生产管理者都应该思考的问题。

为消除过剩生产的浪费，企业可采取如下对策。

① 以客户为中心的弹性生产系统。

② 单件流动——"一个流"生产。

③ 看板管理的贯彻执行。

④ 快速换线、换模。

⑤ 少人化的作业方式。

⑥ 均衡化生产。

在这一过程中，企业也需注意以下内容。

① 设备余力并非一定是沉没成本。

② 生产能力过剩时，应尽量先考虑减少作业人员，但并非辞退人员，而是更合理、更有效率地应用人员。

6.1.2 等待的浪费

等待的浪费主要指在反复作业的过程中，标准作业管理制度不完善，存在表面作业、停工等活、机械设备闲置、人员富余等情况。

等待的浪费产生原因主要在于以下 7 个方面。

① 生产工序流程不合理。

② 前道工序或后道工序出了问题。

③ 停工等活。

④ 等料待工。

⑤ 设备配置不合理。

⑥ 生产作业过程中员工能力不平衡。

⑦ 大批量生产。

为消除等待的浪费，企业可以采取以下对策。

① 采用均衡化生产。

② "一个流"生产，加强设备保养。

③ 实施目视化管理。

④ 加强进料控制，严格设定标准手持。

⑤ 明确人员分工。

在这一过程中，企业也需注意以下内容

① 自动化不要闲置人员。

② 供需及时化。

6.1.3 加工的浪费

所谓加工的浪费包含以下两层含义。

① 过多加工的浪费：需要多余的作业时间、作业动作、辅助设备等资源来完成产品的加工（制造过程中，有一些加工程序是可以省略、合并、重排或简化的）。

② 过分加工的浪费：多余的加工和加工精度过高造成资源浪费。

加工的浪费的产生原因如下。

① 生产工序设计不合理。

② 作业内容分析不充分。

③ 对人和机器功能的分析不完全。

④ 处理异常停止的对策不完善。

⑤ TPM（Total Productive Maintenance，全面生产维护）不完善。

⑥ 工装夹具不完备。

⑦ 标准化体制不完善。

⑧ 员工技术不熟练。

⑨ 缺乏原材料。

为消除加工的浪费，企业可采取的对策如下。

① 工程设计合理化。

② 作业内容的修正。

③ 工装夹具改善及自动化。

④ 标准作业的贯彻执行。

在这一过程中，企业也需注意以下内容。

① 了解同行的技术发展。

② 企业各部门共同参与并持续不断地进行改善。

6.1.4　搬运的浪费

搬运的浪费主要指在不同的仓库间搬运和移动产品，空车移动，搬运的产品有瑕疵，空间的浪费使用，搬运距离过长、搬运次数过多，以及增加搬运设备等。

搬运的浪费的产生原因如下。

① 生产线配置不当。

② 工序间的衔接不好。

③ 坐姿作业。

④ 设立了固定的半成品放置区。

⑤ 集群式布局，如图6-1-1所示，按照设备种类排布，反复搬运、折返。

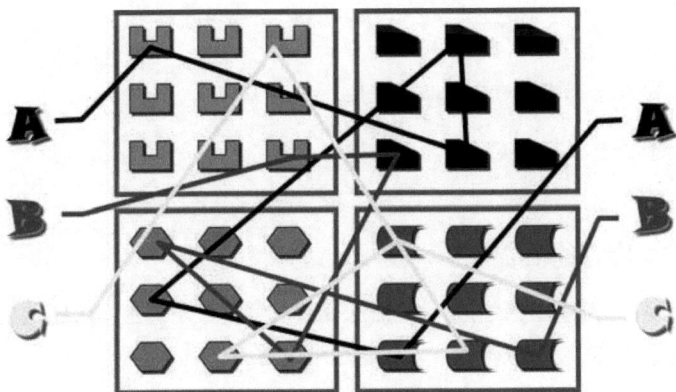

图6-1-1　集群式布局

为消除搬运的浪费，企业可采取的对策如下。

①U 型设备配置。

②"一个流"生产方式。

③站立作业。

④避免重新堆积、重新包装。

⑤按照生产工艺流程进行设备排布，如图 6-1-2 所示。

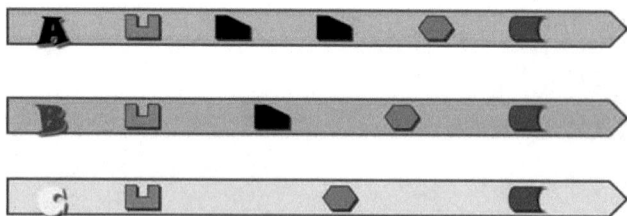

图6-1-2　按生产工艺排布

在这一过程中，企业也需注意以下内容。

①工作预置的废除。

②生产线直接化。

③观念上不能有半成品放置区。

④并非只有坐姿作业才是人性化。

6.1.5　库存的浪费

库存的浪费主要指大量成品未及时发货，长期占用库房场地及资金，部分成品变成呆滞品、库房管理难度增加。

库存的浪费是所有浪费中最大的浪费，库存是最容易出问题的环节，其中隐藏着企业存在的诸多问题。

库存的浪费产生原因如下。

① 均衡化生产体制不健全。

② 多准备些库存是交货期管理的基本意识。

③ 设备配置不合理。

④ 提前生产。

⑤ 处于等待工作状态的人员过剩。

为消除库存的浪费，企业可采取的对策如下。

① 库存意识的改变。

② U型设备配置。

③ 均衡化生产。

④ 生产流程调整顺畅。

⑤ 看板管理的贯彻执行。

⑥ 快速换线换模。

⑦ 安排生产计划时考虑库存消化。

在这一过程中，企业也需注意以下内容。

① 库存是万恶之源。

② 减少安全库存。

6.1.6　动作的浪费

动作的浪费主要指不产生附加值的动作、生产效率低下的动作造成的浪费。

动作的浪费产生原因如下。

① 作业流程配置不当。

② 无教育训练。

③ 设定的作业标准不合理。

为消除动作的浪费，企业可采取的对策如下。

① 连续流生产，形成连续作业，如图 6-1-3 所示。

② 生产线 U 型配置。

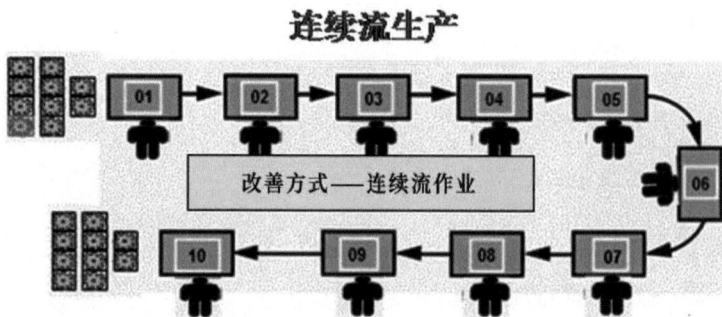

图 6-1-3　连续流生产

③ 标准作业的落实。

④ 动作经济原则的贯彻。

⑤ 加强教育培训与动作训练。

在这一过程中，企业也需注意如下内容。

① 补助动作的消除。

② 规定作业标准。

③ 预定动作时间标准法（Predetermined Time System，PTS）。

想要妥善解决动作的浪费问题，企业需遵循以下十大原则。

原则一：取消不必要的动作。

具体内容如表 6-1-1 所示。

表6-1-1　取消不必要的动作改善前后对比

改善前	改善后
制品数需要——清点	组装后整齐地放在定量容器内，一眼就能看出数量且以这种状态移到下个工序

原则二：减少眼的活动。

具体内容如表6-1-2所示。

表6-1-2　减少眼的活动改善前后对比

改善前	改善后
将配件放到检查器具内判定良品、不良品，这个过程中脖子会转动	以倒映在镜子上的波纹判定良品、不良品，几乎没有视觉的转移

原则三：组合两个以上的动作。

具体内容如表6-1-3所示。

表6-1-3　组合两个以上的动作改善前后对比

改善前	改善后
用注射器分别在端子两侧涂覆树脂	使用了两个针头，只需要涂覆一次

原则四：材料和工具的位置要与作业顺序相匹配。

具体内容如表 6-1-4 所示。

表 6-1-4　材料和工具的位置要与作业顺序相匹配改善前后对比

改善前	改善后
不恰当的作业台的配置	恰当的作业台的配置

原则五：取出、放回要方便。

具体内容如表 6-1-5 所示。

表 6-1-5　取出、放回要方便改善前后对比

改善前	改善后
拿起放在作业台上的钳子需要转换手势	把钳子放在漏斗形器具内使用，不需转换手势

原则六：利用没有成本的动力或重力。

具体内容如表 6-1-6 所示。

表 6-1-6　利用没有成本的动力或重力改善前后对比

改善前	改善后
作业物品用完后需要伸手放到距离 60 厘米的配件盒内	在作业台上穿个小孔，作业物品经滑槽直接滚落到配件盒里

原则七：避免 Z 形动作或急剧的方向转换。

具体内容如表 6-1-7 所示。

表 6-1-7　避免 Z 形动作或急剧的方向转换改善前后对比

改善前	改善后
①包装用塑料薄膜在身后 ②需要作业者转身 ③需要作业者来回穿行	①包装用塑料薄膜袋吊在上面 ②作业者的转身动作没有了 ③不需要作业者穿行

原则八：动作在最短距离内进行。

具体内容如表 6-1-8 所示。

表 6-1-8　动作在最短距离内进行改善前后对比

改善前	改善后
①作业台过大 ②与配件的距离远 ③水平方向放置配件，很难取出	①作业台缩小，约为原来的 2/3 ②与配件的距离近 ③倾斜放置配件，容易取出

原则九：器具或工具统合。

具体内容如表 6-1-9 所示。

表6-1-9　器具或工具统合改善前后对比

改善前	改善后
不知道扳手型号，需要选择，费时费力	不需要了解扳手型号，使用改善后的螺丝，只需要用手即可

原则十：可以先入先出。

具体内容如表6-1-10所示。

表6-1-10　可以先入先出改善前后对比

改善前	改善后
要取出配件，平均移动距离为60厘米，无法实现先入先出	存放台改成有一定倾斜度的，利用工具使它停滞，移动距离变为20厘米，取出配件时入口不再重叠，方便取出

6.1.7　不良品的浪费

不良品的浪费主要指原材料的浪费、开动率低下、检查的浪费、客户索赔引起的企业信誉度低下、库存增加、再生产浪费等。

不良品的浪费产生原因如下。

① 对可能产生不合格产品的意识薄弱。

② 在生产过程中不注重产品质量。

③ 检验中心的检验标准不完善。

④ 功能性检测、教育培训体制不健全。

⑤ 客户对质量要求过高。

⑥ 缺乏标准作业管理。

为消除不良品的浪费，企业可采取的对策如下。

① 产品质量是在工序中创造的。

② 坚持贯彻自动化和"三现"主义。

③ 制定培养相关意识的对策。

④ 通过不断问"为什么"防止问题再次发生。

⑤ 引进预防错误的措施。

⑥ 建立产品质量保证体系。

⑦ 使改善活动和质量体系（ISO9001）相结合。

在这一过程中，企业也需注意以下内容。

① 工序中创造产品质量。

② 坚持自动化。

6.2 改善提案活动

6.2.1 什么是改善提案活动

今井正明在《改善：日本企业成功的奥秘》中写道："改善：持续不断地改进工作方法和人员效率的企业经营理念。"

越来越多的企业开始强调改善，并将 6S 管理作为企业持续改善的重要方法，其原因是改善相比于创新，虽然每次改善的效果较为微小，但却能在全员参与中，积少成多，为企业带来更明显的竞争力提升。如表 6-2-1 所示，是创新与改善效果对比。

表 6-2-1　创新与改善效果对比

	效果	参与人员	难易程度	成本
创新	一次就具有重大成果	企业中的领先者	很难	较大，风险大
改善	每一次是微小的，一步步地积累会带来重大的成果	企业的全体员工都可能参与	随处可见、随时可做	较低，风险小

改善提案活动，是为了激发员工潜能，鼓励员工立足自己的工作岗位，围绕提高质量、提高效率、降低劳动强度和成本消耗等方面的内容，自主提出改善方案并加以实施的一种全员参与的管理活动。

改善提案活动，能为员工搭建一个挖掘潜能、施展才华、实现自我价值的舞台，同时，也是体现对员工的尊重的一个很好的平台。

改善提案活动是让企业全体员工参与管理，尤其是现场管理的一种好方法。但是，大多数企业的改善提案活动都虎头蛇尾或不完善，无法有效开展或持久开展。无法持续开展的原因之一是企业缺乏对改善提案活动的完整认知。

1. 活动目的与意义

（1）改善提案活动的目的

提升员工士气，促使品质提升，促使成本降低，促使效率提高，促使现场安全，促使环境优美。

（2）改善提案活动的意义

企业内部沟通畅通，有效调动员工积极性，促使员工自主管理、自主提高，运用集体智慧，共谋企业发展。

2. 活动作用

提案是改善最有效的措施之一。员工充分施展才华，针对6S标准化管理模式活动管理中的问题，提出创新的意见或方法，可以不断改善企业6S标准化管理模式活动管理的效果。

开展改善提案活动，可鼓励员工主动、积极地参与持续改善活动，实现员工的自主管理，从而提升员工整体素质。

改善提案活动的作用如下。

（1）顺利解决6S标准化管理模式活动中的各种问题

不同部门和岗位人员针对其工作的实际情况，提出各种具有创新性和实效性的改善提案，能够有效解决6S标准化管理模式活动中的问题。

（2）培养各阶层人员发现问题、解决问题的意识

深入持久地开展改善提案活动，可有效地增强各阶层人员自我改善的意识，从而发现问题，解决问题。

（3）增进各阶层人员的交流沟通

开展改善提案活动，可增加管理人员与现场人员接触的机会，增进双方的了解和交流，有利于形成良好的处理问题的氛围。

3. 活动形式

对改善提案，不同的企业有不同的形式，只要设计的提案形式方便实用即可。改善提案主要包括以下4部分。

（1）现在的问题点：描述现在的状况，要简明扼要。同时，配以图表进行说明。

（2）提案改善点：阐述问题解决的方法，改善要达到的标准，以及预期的效果。

（3）评审小组的评价：提案评审人员根据有关要求，公正地评价员工提交的改善提案并确定奖励等级。

（4）二次评审：经一次评审合格后，在实施中确认有良好效果的，经二次评审，确定最终的奖励等级。

虽然提倡改善，但创新在质量管理的推行上也极为重要，在标准化里常常谈到的质量管理是运用统计与标准化等方法使质量保持在稳定状态。在遇到质量异常时，要追查原因并采取矫正措施，使异常状态恢复正常。与此同时，企业也要对标准进行不断地改善，避免管理或技术僵化。

因此，企业在推行质量管理与标准化的同时，要推动改善，使两者互补。要推动改善则必须有创新的精神，广泛收集各种意见。美国和日本的许多企业在实践中都会双管齐下：一方面，推行品管组织与标准化；另一方面，积极推动改善工作，设计出提案制度、品管圈或无缺点活动等形式。

6.2.2　改善提案活动涉及内容

"改善"强调的是这样一种观念：每一件工作，都有很大的改进余地，改善是无止境的。自己主动发现问题，找出原因并解决问题就叫改善；由其他部门检查发现问题后再解决问题就叫整改。全体员工都应全身心投入，发掘每一个不起眼的改进机会，找出现场存在的问题并采取措施解决问题，通过"改进 → 维持 → 进一步改进"的循环，把工作做得越来越好。

企业全体员工要建立这样一个概念：本职工作 = 日常工作 + 改善。班组长的工作除了维持正常的生产秩序外，更重要的是推动现场改善活动，努力把工作做得越来越好。

改善提案活动涉及的内容如下。

① 缩短制造时间，提高生产效率，提高设备、生产线的产能利用率。

②作业方法、动作、流程的改进。

③原材料、产品的储存、搬运方式等的改善。

④工作技术、工艺方法的改善。

⑤厂房、设备、线体布置的改善。

⑥产品质量的提升。

⑦降低成本，节省能源、原材料，废料利用。

⑧工装夹具及生产设备的改进。

⑨促进人际关系、激发工作热情、改善工作环境、提升企业形象的各项措施。

在开展改善提案活动之前，企业必须要明确一点：改善离不开现场。现场是员工工作的场所，是实际发生行动的场所，是提供产品或服务来满足客户的场所。现场包括员工、生产流程、设备、环境等要素。

而从现场的角度来看，改善提案活动的内容则可以归纳为6项，如图6-2-1所示。

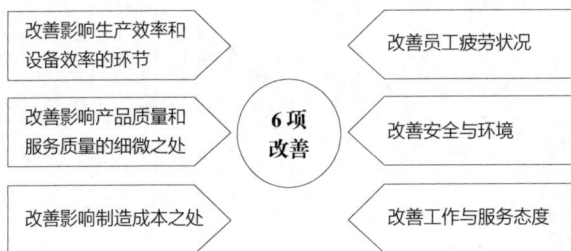

图6-2-1　6项改善

1.改善影响生产效率和设备效率的环节

在这一环节，员工想要提出有价值的提案，首先需要思考相关问题。

（1）影响效率的源头是什么？

（2）为什么生产效率不高？

（3）为什么设备实际可利用时间这么少？

（4）谁占用大量的时间？

…………

在这样的思考中，问题又会进一步具体。

（1）怎么缩短维修时间？

（2）怎么缩短开机时间？

（3）怎么提高设备效率？

…………

为了做出针对性地改善，员工可以借助“总日历时间”进行思考，如图 6-2-2 所示。

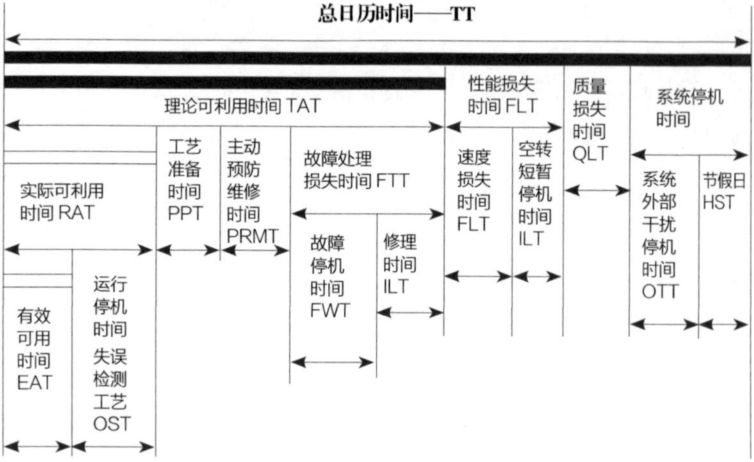

图 6-2-2　总日历时间

如图 6-2-2 所示，通过对生产和设备相关时间进行分解，员工就能找到可以改善的方向，如性能损失时间、质量损失时间等。

如表 6-2-2、表 6-2-3 所示，即为改善后的成果案例。

表6-2-2　改善成果案例：节约设备停机时间

项目名称	关于后台维修磁盘线圈的改善	实施时间	20××年1月1日
实施部门	××分厂生保工段	项目成员	××、××、××
现状问题及原因分析： 1.磨工设备上的磁盘线圈损坏后，不能及时更换 2.设工分厂加工线圈时间长		改善措施： 1.自制线圈外壳，组装线圈备件 2.空闲时间加工线圈预备量	
改善前		改善后	
照片 （仅做说明示例，暂无图片）		照片 （仅做说明示例，暂无图片）	
获得收益（有形收益或无形收益，有形收益需说明收益的换算方式）： 每次节约设备停机时间一天，可以根据一条线一天的生产产量来计算			

表6-2-3　改善成果案例：快速取放

项目名称	关于丝杆定置管理的改善	实施时间	20××年1月8日
实施部门	××分厂生保工段	项目成员	××、××
现状问题及原因分析： 1.丝杆摆放凌乱，标识不明 2.丝杆使用量及备件量不准确		改善措施： 1.丝杆归类摆放，分类标牌内容明确 2.丝杆备件量定量摆放	
改善前		改善后	
照片 （仅做说明示例，暂无图片）		照片 （仅做说明示例，暂无图片）	
获得收益（有形收益或无形收益，有形收益需说明收益的换算方式）： 极大改善了区域6S管理，标识目视化效果好，便于快速取放，节约了时间			

2.改善影响产品质量和服务质量的细微之处

在质量相关的改善中，企业应当树立这样的目标：对产品的零缺陷的追求达到六西格玛，即百万件产品中的不良品少于3.4件！

具体改善方向，就是确保每个工序为下一工序提供合格产品。如

表6-2-4所示，即为改善影响质量的细微之处的案例。

表6-2-4　改善成果案例：改善质量

项目名称	NG 料道加装防护罩改善	实施时间	20××-03 至 20××-03
实施部门	××二分厂技术组	项目成员	××
现状问题及原因分析： 合套、测振等重点工序产生的不合格产品未在设备上进行定置，有误当作合格产品流入后一工序的风险		改善措施： 增加 NG（No Good）产品防护罩，实现对不合格产品的定置管理，减少不必要的市场投诉	
改善前		改善后	
照片 （仅做说明示例，暂无图片）		照片 （仅做说明示例，暂无图片）	
获得收益（有形收益或无形收益，有形收益需说明收益的换算方式）： NG 品得到了有效定置，极大减少了市场投诉			

3.改善影响制造成本之处

每个人都明白价格、成本、利润之间的关系。然而，在不同的思维下，员工的理解也有差异。

在传统思维下，该等式为：价格 = 成本 + 利润。企业往往简单地将成本与利润相加作为售价。但在市场竞争愈趋激烈的当下，企业只有控制价格，才能赢得市场生存空间。

因此，在新时代思维下，该等式也应改为：利润 = 价格 - 成本。在价格的限制下，企业为了追求更大利润，就只有控制成本。这也是改善影响制造成本之处的意义。

对此，员工可以从以下影响制造成本的要素出发，思考改善的可能。

（1）原材料：原材料渠道如何？质量、性价比如何？是否有更优秀的替代原料？是否有价格更便宜的供应商？能否就地取材，降低原材料运输成本？

（2）配件：是否有替代的配件？能否自己加工？能否外协？哪种

方式更合理？

（3）工艺流程与设备：能否通过改变、简化流程来缩短加工时间，减少劳动力成本？能否减少设备投入成本？能否节能？

（4）管理组织和流程：能否建立更精干的组织？能否缩短问题解决审批流程？

（5）综合治理各种浪费：水、电、气的浪费。

4.改善员工疲劳状况

员工疲劳常常会被企业忽视，但员工在疲劳状态下，不仅会影响工作效率，也会损害士气，对企业造成严重影响。

对此，企业应当秉持和谐理念、共享共成长理念，考虑从以下各方面改善员工疲劳状况。

（1）生产方式和设备落后。

（2）单调、重复、高频率、持续疲劳的工作。

（3）工作空间小。

5.改善安全与环境

目前，我国企业的安全形势仍然严峻。因此，安全也成为6S管理的重要内容，企业必须消除物的不安全状态，消除人的不安全行为，为员工打造真正安全的工作环境。

其主要改善方向包括以下方面。

（1）改变观念。

（2）环境改造，设施投入，隐患排除。

（3）加强员工防护措施。

（4）利用科学分析方法和防护技巧。

6.改善工作与服务态度

在传统企业中，提及工作与服务态度，大多是关于客户服务。但企业想要为客户提供真正优质的产品和服务，就需要在整个生产、服务流程中保持高质量。

因此，在改善工作与服务态度时，员工不仅要将最终客户当成客户，更要在企业内部建立"客户"概念。

（1）上道工序把下道工序看成自己的"客户"。

（2）管理部门将生产基层看成自己的"客户"。

6.2.3 改善活动的开展与总结

改善提案活动制度简称"提案活动"，又叫"奖励建议制度"。虽然名称不同，但其内涵却是一致的。企业内员工针对现行办事手续、工作方法、工具、设备等需要改善的地方而提出建设性的改善意见或构想就是"提案"。企业选择优良且有效的提案加以实施，给予提案者适当的奖励，这种系统地处理员工提案的方法，就称为改善提案活动。

1. 活动准备

在推行 6S 改善提案活动之前，企业必须做好各项准备工作，制定好改善提案活动的制度，并明确活动开展的组织架构。

（1）制度建立

改善提案活动的制度建立，离不开企业经营者的支持和详细的办法，具体包括以下 7 个方面。

① 政策与目的。

② 提案参加资格。

③ 人事与审查委员会组织。

④ 提案箱的设置与提案表的设计。

⑤ 处理程序。

⑥ 绩效计算与奖赏方法。

⑦ 推广方法。

立足于上述内容，改善提案活动的规章制度应包含以下3部分内容。

① 员工改善提案规章。

② 改善提案审查基准。

③ 提案事务处理程序。

（2）组织架构

6S管理的推行需要相应的推行委员会，而改善提案活动的开展，也需要建立相应的组织架构。一般而言，企业可以设置提案活动推进委员会，并设置提案管理人或提案事务局。

提案活动推行委员会的工作如下。

① 拟订提案规程。

② 拟订审查基准。

③ 拟订事务处理程序。

④ 制作各种有关提案制度的报表。

⑤ 拟订宣传与教育计划。

指定提案管理人或提案事务局的责任如下。

① 提案的收集：按时检查提案箱，收集提案。

② 整理后呈送委员会，资料不全的提案请提案者补全资料。

③ 告知提案人已收到提案。

④ 保管提案记录与报告。

⑤ 采用审查单位或审查人的推荐。

⑥ 向提案人通知提案审查结果或实施结果。

⑦ 安排奖励。

⑧ 与提案审查委员会进行密切合作。

2. 活动程序

改善提案活动程序的设计主要用于明确改善提案活动的环节及结果，用于帮助员工解决关于流程的疑虑，即："我有了好的想法，我该怎么办？我告诉谁？谁会来处理它？谁来实施它？我会受到关注吗？我能得到奖励吗？"

完整的改善提案管理流程如图6-2-3所示。

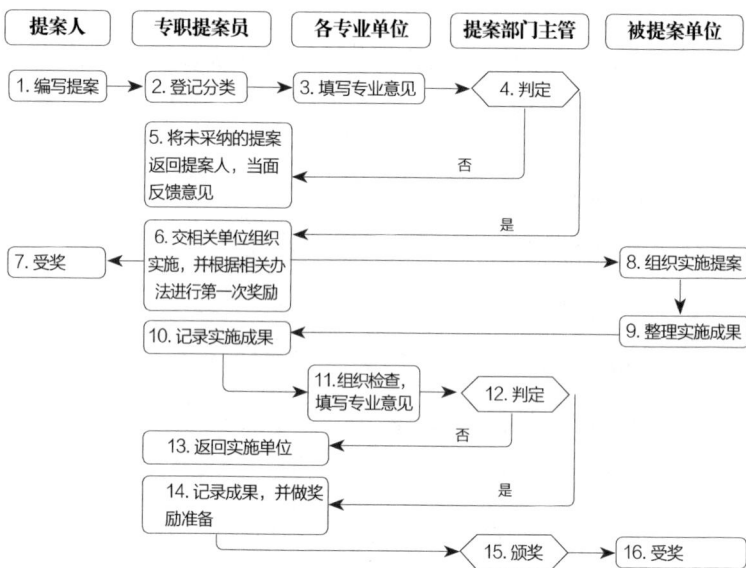

图6-2-3　员工改善提案管理流程

企业也可采用另一种改善提案管理流程，如图6-2-4所示。

一般而言，改善活动程序的重点在于遵循以下步骤。

（1）选择工作任务的理由。首先要阐明选择这个项目或工作任务的理由。这些任务通常是根据企业的发展目标确定的，但有时企业的现状也会影响这种选择——依据其重要性、紧迫性或经济性。

（2）弄清当前的情况。在项目开始前必须要弄清项目当前的情况，并予以分析。这需要员工去现场了解情况，收集数据。

（3）应对收集到的数据进行深入分析，以便能弄清事情的真正背景及原因。

（4）在分析的基础上研究对策。

（5）导入、执行对策。

（6）观察并记录采用对策后的影响。

（7）修改或重新制定标准，以避免类似问题再次发生。

（8）检查从步骤（1）到步骤（7）的整个过程，逐一引入下一步的行动。

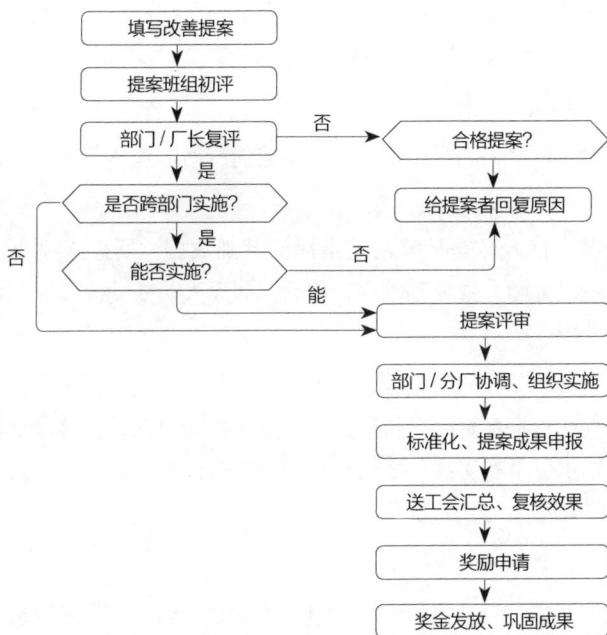

图6-2-4　改善提案管理流程

3. 考核指标

为了进一步推进改善提案活动的开展，激励员工主动参与，企业仍需设置相关的考核指标。

需要注意的是，改善提案活动考核指标一般用于考核企业现场部门主管人员或企业改善提案活动推进部门。它属于部门考核指标，而不是直接考核基层普通员工。

部门的改善提案活动考核指标包括以下 3 项内容。

（1）人均提案件数：人均提案件数＝提案件数／提案资格人数

（2）提案参与率：提案参与率＝提案参与人数／提案资格人数

（3）人均提案经济效果：人均提案经济效果＝提案经济总效果／提案资格人数

要计算上述 3 个指标，就要先获取下列数据：提案资格人数、提案件数、提案参与人数、提案经济效果。

① 提案资格人数

一般来讲，每名员工都有参与提案的资格，包括管理人员、技术人员、普通员工等。

提案资格人数是计算活动指标的基础数据，所以必须要统计准确。一般以考勤人数为基准进行统计。如果人员变动大，那么要按考勤时间进行折算。

对新员工，公司应根据行业特点、企业特点制定出规范，以确定何时将其纳入提案资格人员行列。一般应在新员工较熟练地掌握了现场操作知识、具有了操作能力、得到过改善提案活动方法的基本训练之后才能开始计入提案资格人数。

② 提案件数

提案件数是指被审核予以通过的提案数，如果审核未通过，不予计数。

有些提案审核未通过，不予计算；如果提案需要修改，则修改后审核通过才能计数。

提案可以是个人提案，也可以是多人共同提案，还可以是小组提案。但是如果企业开展了 QC 小组之类的活动，小组改善提案和 QC

小组课题不能重复计算。

③ 提案实施件数

有些提案虽然通过了审核，但由于种种原因，未能被实施。比如提案实施需要准备时间，或者实施需要等待更合适的时机等，这样的提案就不予计数。

④ 提案参与人数

有些员工提出不止一项提案，这样，提案参与人数可能会少于提案件数；另外，有些提案为联合提案，参与人数可能多于提案件数。

考核参与人数是因为有时候某个优秀员工会提出多个提案，这就会提升提案件数指标，但同时掩盖了参与人数不足的问题。

⑤ 提案经济效果

有许多现场改善提案无法用金钱数额来计算，所以，经济效果并不是改善提案活动最重要的考核指标。但是，应尽量将改善提案活动的成果转换成金钱数额，这样有利于鼓励员工提出优秀提案。经济效果一般按参考预计的 12 个月的效益进行计算。

6.3　改善提案活动的管理

6.3.1　改善提案管理办法

在明确了改善提案活动的相关内容之后，企业在推行改善提案活动时，就应当结合企业实际制定《改善提案管理办法》。具体内容如下所示。

1. 目的

为了培养员工的问题意识、改善意识和创新意识，营造员工参与管理的良好氛围，促进各项改善工作的有效开展，创建积极进取、精益的企业文化，增强团队凝聚力，提高企业核心竞争力，特制定本管理办法。

2. 范围

公司全体员工。

3. 定义

改善提案是指企业员工结合本职岗位，将发现的对自己工作有帮助的好的方法或创意书写在规范的改善提案表上，使之实现。改善提案无须投入资源或只需要投入少量人力、物力即可完成生产效率的提升、品质的提高、成本的降低或获得其他无形收益的改善活动。

4. 职责

（1）提案活动推进委员会负责组织改善提案活动的开展、考评。

（2）精益推进组负责提案管理工作的相关培训、过程辅导、跟踪执行。

（3）各部门/分厂班组负责人负责组织班组成员的改善提案收集、初审、跟踪实施等工作。

（4）企业各部门/分厂负责人配合相关活动的宣传、组织、实施。

（5）提案评审小组负责对提案等级与可行性进行综合评审。

5. 过程要素分析

具体内容，如图6-3-1所示。

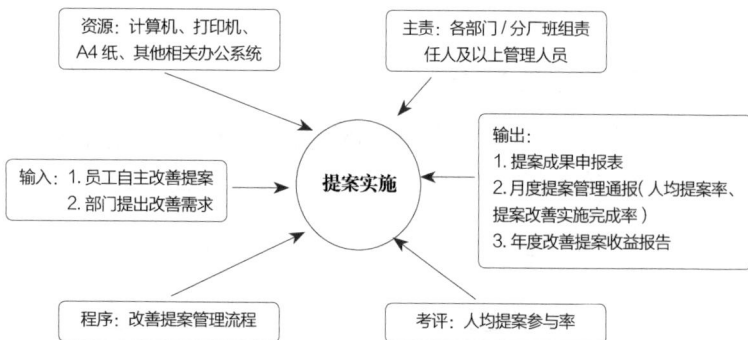

图6-3-1　提案实施的六大要素

6.工作程序

具体内容见表6-3-1~表6-3-3。

表6-3-1　改善提案管理办法的工作程序

项目	具体内容	
1.改善提案活动的目的	①营造全员参与管理的氛围	
	②提供全员参与改善的平台和支持	
	③凝聚向心力,增强归属感、成就感和忠诚度,化被动为主动	
	④提升员工的改善意识,促使他们积极达成目标	
	⑤规范改善活动过程和行为	
	⑥健全改善相关评价与激励机制	
	⑦完善改善成果的验证、推广、应用与沉淀	
2.提案改善活动涉及的内容	①缩短制造时间,提高生产效率,提高设备、线体的产能利用率	
	②作业方法、动作、流程的改进	
	③原材料、产品的储存、搬运方式等的改善	
	④工作技术、工艺方法的改善	
	⑤厂房、设备、线体布置的改善	
	⑥产品质量的提升	
	⑦降低成本,节省能源、原材料,废料利用	
	⑧工装夹具及生产设备的改进	
	⑨用于促进人际关系、激发工作热情、改善工作环境、提升公司形象的各项措施	
3.提案建议成立与不成立的条件	成立条件	具有创新性思维,如新材料、新工艺、新方法、新技术的运用
		经实施,确实对公司环境、安全、品质、效率等方面有效果
		与提案者本身业务无关,但涉及其他部门业务的内容

项目		具体内容
3.提案建议成立与不成立的条件	不成立条件	同一个人的同一内容的提案
		已经在工作中实施的相同内容的项目
		未实施和未坚持执行一个月以上的项目
		改善对其他各方面产生了相当大的副作用
		针对专门问题组成的专门机构，进行的改善工作（专项的技术降成本、质量整改、标准化等）
		无创意性的希望、批判、投诉、牢骚或不满等个人要求及愿望
		有关个人、薪资、人事方面等
		无创意、无技巧的6S（如现场整理、整顿之类）
		设备的增加，且在半年内投入大于产出
4.提案申报与审核		①提案人填写完整的《改善提案表》（表LOS08C.03-01），交班组负责人，由班组负责人进行初审，由提案部门部长/厂长复审，若不采纳，需给提案者说明原因
		②若采纳员工提案，则在《改善提案表》上签字并通知员工可以实施，同时将提案转送至实施部门，对能否执行的有争议的提案转交评审机构组织评审
		③每月底班组负责人将已采纳班组员工提案的《改善提案表》张贴于班组看板改善揭示栏目内，同时记录在改善提案台账上，并转交一份《改善提案表》到提案活动推行委员会备案
5.改善提案表的评定	提案评审管理机构	企业设立改善评审小组，该评审小组为非常设评审机构
		组长：提案活动推进委员会指定
		评审成员：质量管控部、生产运行部、技术中心、提案活动推行委员会、精益组指定成员
	评审时间	提案活动推行委员会组织每月提交汇总的改善提案进行评审，并将评审结果记录在《改善提案评审整理表》（表LOS08C.03-03）上
	以分值来评定改善提案获奖类别	具体的评审标准见表6-3-2，奖励等级见表6-3-3

续表

项目	具体内容	
6. 提案的实施	① 通过审核的提案进入实施阶段，由实施部门负责推进，提案部门负责项目进度的跟进	
	② 对已实施且经过一定周期时间（不少于 2 个月）验证的提案，由标准制定部门修改相关文件进行固化，部门管理人员应保证实际作业与标准的一致性，部门管理人员负责监督落实情况	
	③ 提案成果申报：对已实施完成，且成果得到验证的改善项目，由实施部门填写《改善提案成果申报表》（表 LOS08C.03-02），由实施部门改善专员进行汇总，于每月 25 日前提交到提案活动推行委员会，委员会将各部门 / 分厂提交的《改善提案成果申报表》按改善目的分类记录在《改善提案成果分类台账》（表 LOS08C.03-04）	
7. 提案成果的评定	改善提案成果奖励标准	有形收益的改善提案，方案在企业内推广实施，按年经济效益的 2% 对提案人予以奖励（上限 2 万元），如果提案是由其他部门（团队）共同实施完成，则提案人获得奖金的 20%，实施团队获得奖金的 80%
		无形收益的改善提案，方案在企业内推广实施，成效显著者，按《经济效益换算标准》
8. 改善提案分类原则	凡是能定量评定经济效益的尽量评定经济效益，无法估计经济效益的，可定性评价技术水平及发展前景。能评定经济效益的提案，以年经济效益作为参考指标分类，按《精益改善效益换算标准》	
9. 改善提案月度通报	① 改善提案奖金发放明细表	
	② 对各部门人均提案数、实施数进行排名	
10. 奖金发放	当月奖金由提案活动推行委员会整体申请，以现金形式发放	
11. 年度改善之星	每年度组织一次评选，评出年度改善之星 5 名，各奖励 500 元现金	
12. 年度金点子提案	根据评审标准得分与提案收益评选出金点子提案 2 名，各奖励 1000 元	
13. 年度改善优秀团队	年度对各部门全年改善情况按照每月人均提案数量及收益进行排名，得分最高部门为年度改善优秀团队，奖励部门 2000 元	
14. 其他说明	① 对改善过程中出现的原创性新工具、工装等实物性成果和新方法、新工艺等技术性成果，可以用发明者的姓名进行命名	
	② 获得提案改善奖后不得重复申请部门其他奖项，否则视为弄虚作假	
	③ 改善成果如涉及国家专利，其权益属公司所有	
	④ 提案活动推行委员会按改善提案的奖励标准进行统计汇总，按奖励金额申请提案奖金	

项目	具体内容
14.其他说明	⑤提案活动推行委员会每年组织一次改善提案活动，推动改善提案活动的开展
	⑥本管理办法最终解释权在提案活动推行委员会

表 6-3-2　评审标准

贡献度 （利润、费用、质量、效率）	创意度 （独创精神）	可行性 （内容的可行程度）
突破性改善效果 41 ~ 50 分	创意非凡 17 ~ 20 分	几乎不需要修改 24 ~ 30 分
有大幅改善效果 31 ~ 40 分	创意甚佳 13 ~ 16 分	需要部分修改 17 ~ 23 分
有明显改善效果 21 ~ 30 分	有相当创意 9 ~ 12 分	需要相当程度的修改 10 ~ 16 分
有部分改善效果 11 ~ 20 分	有新意 5 ~ 8 分	需要大幅修改 3 ~ 9 分
改善效果轻微 ≤ 10 分	无新意 ≤ 4 分	几乎需要全部修改 ≤ 2 分

表 6-3-3　奖励等级

级别	一等奖	二等奖	三等奖	参与奖
得分	100 分≤ A < 90 分	90 分≤ A < 75 分	75 分≤ A < 60 分	A ≤ 60 分
金额（元）	50	30	10	纪念品一份

7. 引用文件

（1）《公司运行处罚办法》（暂无）

（2）《精益改善效益换算标准》

8. 记录

（1）《改善提案表》（表 LOS08C.03-01）

（2）《改善提案成果申报表》（表 LOS08C.03-02）

（3）《改善提案评审整理表》（表 LOS08C.03-03）

（4）《改善提案登记表》（表LOS08C.03-04）

（5）《改善提案成果分类台账》（表LOS08C.03-05）

9. 换版说明

（1）整合公司《改善提案管理办法》与《合理化建议评审方案》。

（2）原《合理化建议评审方案》作废。

（3）修改了改善提案管理流程。

（4）修改了改善提案表、成果申报表格式。

（5）修改了改善提案表与提案成果的奖励标准。

6.3.2　改善提案表

改善提案活动的流程简单而言就是"提案→评审→提案办理→效果确认"。因此，在提案环节，企业就要做好改善提案表的设计，便于员工提案，也便于评审。如表6-3-4所示，为某企业的《改善提案表》（表LOS08C.03-01）模板。

表6-3-4　改善提案表（表LOS08C.03-01）模板

		提案人	班组长	部门/厂长	提案班组	提案日期	
提案提出							
	提案名称				实施部门	□本部门　□其他	
	改善目的	□降低成本　　□减少浪费（时间、资源） □生产技术改善（工装夹具、工艺）　　□效率提升 □品质提升　□作业环境、安全改善　　□管理流程改善 □促进销售 □其他（选择相应的改善目的，对应的□内打"√"）					
	需联络的部门	□与其他部门配合实施　□完全由其他部门实施 □需进行可行性论证					
		□生产运行部　　　□分厂　　　□质量管控部 □物资管理部　　　□技术中心　□销售公司 □综合管理办公室　　　　　□经营管控部 □财务部（选择相应的部门，对应的□内打"√"）					

续表

提案 提出	现状： （用图片、文字等简述，可适 当引用质量、成本、效率等方 面的相关数据，如篇幅不足， 可另外附页）		改善建议及预计效果： （用图片、文字等简述改善建议，预计 效果可用图片、金额、文字描述等进行 对比，如篇幅不足，可另外附页）	
提案 办理	联络日期		接收日期	
	提案部门		实施部门	
	跟踪责任人		实施责任人	
	预计完成日期		预计完成日期	
	提案部门意见：（包括可行性、必要性、预计费用、不能立即回复的需 有计划回复时间）			
	实施部门意见：（包括可行性、必要性、预计费用、不能立即回复的需 有计划回复时间）			
效果 确认	□已实施　□部分实施　□不实施　□其他			
	提案人：			
评审	部门／分厂意见： 签字：		评审领导小组意见： 签字：	
	建议奖励等级：　　　　级 金额：　　　　元		建议奖励等级：　　　　级 金额：　　　　元	

6.3.3　改善提案成果申报表

提案只有在实施之后，才能确认改善效果。因此，在改善提案活动中，企业需要注重改善提案成果的申报、评审与登记。

具体而言，企业可以借助《改善提案成果申报表》等 4 张表格。如表 6-3-5 所示，为某企业《改善提案成果申报表》（表 LOS08C.03-02）模板；如表 6-3-6 所示，为某企业《改善提案评审整理表》（表 LOS08C.03-03）模板；如表 6-3-7 所示，为某企业《改善提案登记表》（表 LOS08C.03-04）模板；如表 6-3-8 所示，为某企业《改善提案成果分类台账》（表 LOS08C.03-05）模板，读者可进行借鉴变通。

表6-3-5 改善提案成果申报表（表LOS08C.03-02）模板

提案名称		完成时间	
提案人 / 部门		联系电话	
改善前		改善后	
此处为照片		此处为照片	
现状描述：		改善后描述：	
收益分析		计算方式（无形收益不用填写计算方式）	
部门 / 分厂确认	精益组审核		领导批准

表6-3-6 改善提案评审整理表（表LOS08C.03-03）模板

编号	建议名称	提出人	所属部门/班组	所属单位评审成员初评			总分	评审人	交叉评审评分			总分	评审人	初审权重0.4，交叉评审权重0.6，合计总分	评审小组奖励评级	备注
				贡献度	创意度	可行性			贡献度	创意度	可行性					

表 6-3-7　改善提案登记表（表 LOS08C.03-04）模板

序号	提案人员	提案部门	改善目的	提案名称	现状分析	建议及对策	利好分析	收益（元/年）	实施部门	责任人	预计完成日期

表 6-3-8　改善提案成果分类台账（表 LOS08C.03-05）模板

序号	提案人员	提案部门	改善目的	提案名称	提案日期	完成日期	实施部门	收益（元/年）	是否进行标准固化	确认人

6.3.4　精益改善效益换算标准

效益换算是进行改善活动考核的基础，企业必须结合实际，制定精益改善效益换算标准。但要注意的是，改善提案活动切忌过分专注于提案效益，而忽视了小的改善，否则，就可能破坏全员参与的良好氛围。

要将改善提案活动活性化，就必须重视小课题，不局限范围，也不必特别追求显著的效果，只要是能够比现况有所提高即可。哪怕是能节约一分钱，缩短一秒钟的作业时间都对现场改善有益。

具体而言，精益改善效益换算标准的内容应当包括以下方面。

1. 目的

以货币为单位量化实施消除浪费及开展改善提案活动后节约或创造的效益，以便于进行评审和奖励。

2. 换算依据

（1）以元为货币单位，金额在计算后四舍五入，不保留小数。

（2）制度工作时间按每天 8 小时，每月 26 个工作日为周期计算。

（3）单位时间的工人人均工资有以下 3 种形式：0.004 元 /（人·秒），14.0 元 /（人·小时），36 000 元 /（人·年）。

（4）步行时间统一以每秒 2 步，步距 0.6 米计算。

（5）生产场地节约按每平方米 12 元 / 月租金计算。

（6）对操作步骤优化获得的效率节约，按上年实际产量，依据人均工资计算，计算公式为：年产量 × 节约时间（秒）× 0.004 元 /（人·秒）= 节约效益。（节约效益单位为元，年产量单位件）

（7）改善后减员获得的节约，依据人均成本计算，每减员 1 名节约 36 000 元。

（8）物料或零件的节约以相关部门提供的时价进行换算。

（9）降低不良品率按避免造成返修的节约计算，包括返修工时、材料费、能源消耗等的节约。

（10）对改善安全、现场管理等在无形方面进行改进且无法量化效益的项目，按实际效果，依提案管理办法给予适当奖励。

3. 节约换算

（1）电能，以 1.0 元 / 千瓦·时为计算单位，累计节约的用电设备总功率，以 1 年为周期计算。

如某办公室通过改善从 5 台计算机减到 4 台计算机即可满足办公需要，则 1 台计算机以 300 瓦功率计算，每天耗电量为 $0.3 \times 7.5 = 2.25$ 千瓦·时，每月耗电 $2.25 \times 26 = 58.5$ 千瓦·时，则全年耗电量为 $58.5 \times 12 = 702$ 千瓦·时，因此得出此次改善节约金额为 $1.0 \times 702 = 702$ 元。

（2）生产场地，节约效益计算，节约计算公式为：节约金额 = 节约空间 × 厂房造价。

如装配车间 A 线通过改善活动后，线旁工位空出了 1.5 平方米的空间，计算节约金额：$1.5 \times 12 = 18$ 元。

（3）操作步骤优化，获得的节约指消除操作步骤中的不合理、多余动作。

如装配车间 A 生产线通过对料架摆放进行重新规划，减少移动距离 1.2 米，员工每次操作往返可节省 4 步，按每秒 2 步计算，得：

年产量 300 000 件 × 节约时间 2 秒 × 0.004 元／（人·秒）= 2 400 元

（4）操作减员，指减少某作业的操作工人数。

如通过对装配车间进行作业平衡的改善，操作工人数由 22 人减为 20 人，共减少 2 人，则节约 $2 \times 36\,000 = 72\,000$ 元。

（5）材料节约的换算。

包括降低零件报废率或减少装配、生产用料，均以 1 年为周期计算。

① 降低零件报废率。

如磨工线通过改善降低了外圈的报废率。改善前平均每月报废 1 000 个，改善后报废率为 0。一个外圈的时价为 5 元，因此，改进后的节约了 $1\,000 \times 5 \times 12 = 60\,000$ 元。

② 减少装配、生产用料。

如获得零件的单价，按当年该产品计划年产量计算总价值。

（6）避免返修的换算。

以同类型返修项目每个月的平均返修量（件）及平均返修耗时来计算，计算周期为1年。

如对某碰划伤问题的改善，改善前每个月平均出现100件同类型的划伤问题，每次返修平均耗时10分钟，每次需要2人进行返修，则每个月共耗时16.6小时进行返修，用人均工资进行计算，计算式为：16.6（返修耗时）×12（月）×14（人均小时工资）×2（人数）=5 577.6元；返修原材料和能源，按正常产品消耗材料和能源费用计算。

注：（5）（6）两项节约的计算需要提供数据记录，如果无法提供的则评定为无形收益。

（7）安全、工作场所组织等无形项目改善的量化指标。

此类改善有：人机工程改善、其他6S改善、目视化改善、增设防错装置、作业标准改善、物料包装改善、质量管理改善、TPM改善、培训等。

视整改难易程度及实施效果给予一定程度量化的节约，如表6-3-9所示。

表6-3-9　无形项目改进量化

（单位：元）

改善项目	改进效果好实施有难度	改进效果较好实施有难度	改进效果一般实施容易
人机工程改善	500	300	100
安全隐患改善	300	200	100
增设防错装置	300	200	100
质量管理改善	200	100	50
TPM改善	200	100	50
物料包装改善	200	100	50
6S改善	200	100	30
目视化改善	200	100	30